Droemer
Knaur®

Martina Meuth

Bernd Neuner-Duttenhofer

Asiens Küchen für Genießer

Rezepte, Produkte, Warenkunde

Photos von Martina Meuth

Droemer Knaur

CIP-Kurztitelaufnahme der Deutschen Bibliothek
Meuth, Martina:
Asiens Küchen für Geniesser : Rezepte, Produkte, Warenkunde /
Martina Meuth ; Bernd Neuner-Duttenhofer. – München :
Droemer Knaur, 1994
ISBN 3-426-26755-1
NE: Neuner-Duttenhofer, Bernd:

Umschlaggestaltung: Agentur zero, München
Umschlagfoto: Martina Meuth
Gestaltung und Herstellung: Buchherstellung Bad Cannstatt, Stuttgart
Reproduktionen: Repro Ludwig, A-Zell am See
Druck: Appl, Wemding
Bindung: Großbuchbinderei Sigloch, Künzelsau
Printed in Germany
ISBN 3-426-26755-1

2 3 5 4 1

Inhaltsverzeichnis

Asiens Küchen . . .

Von Indien bis Japan, von Indonesien bis Korea – »asiatische Küche« ist ein ebenso unnützer Begriff wie »europäische Küche«. Verbindende, umfassende Gemeinsamkeiten sind hier wie dort nicht vorhanden: Eine japanische Misosuppe hat mit einem malaiischen Kokos-Curry so viel zu tun wie Irish Stew mit einem italienischen Risotto. So, wie wir deshalb nicht auf den Gedanken kommen, von einer europäischen Küche zu sprechen, können wir dies auch nicht von der asiatischen tun, sondern müssen die einzelnen Küchen Asiens unterscheiden.
Allerdings verhält es sich mit den Landesküchen in Asien nicht anders als in Europa: Eigentlich gibt es eine französische Küche so wenig wie eine chinesische – was hier eindeutig regionalen Charakter hat und als provenzalisch, burgundisch, bretonisch oder elsässisch zu erkennen ist, zeigt sich dort als Kanton-, Shanghai-, Szechuan- oder Peking-Küche.
Wir haben versucht, diese Unterschiede deutlich zu machen, in die Seele der einzelnen Küchentraditionen einzudringen. Die Texte und Rezepte haben eine Serie im *Stern* als Basis, weshalb wir uns auf die wichtigsten kulinarischen Gebiete Asiens beschränkten, und zwar jenes Teils, der nach Sichtweise des englischsprachigen Raums als asiatisch gilt – also vom Fernsten Osten bis an die Westgrenze Indiens, ohne den Vorderen Orient und Persien, ohne Zentralasien und jene Gebiete der ehemaligen Sowjetunion, die vom türkisch-arabischen Kulturkreis mitgeprägt wurden. Natürlich waren für uns die großen kulinarischen Zentren Hongkong, Singapur, Bangkok und Tokio von besonderer Bedeutung – hier bündeln sich die Wege, kann man alles in bester Qualität bekommen, was die verschiedenen Länder und Regionen zu bieten haben. Besonders zu danken haben wir für Hilfe und Unterstützung an dieser Stelle dem *Oriental Hotel* in Bangkok, dem *Regent Hotel* und dem *Peninsula Hotel* in Hongkong, dem *indischen Bukhara Restaurant* in Neu-Delhi/Bangkok, dem japanischen *Miyabi Restaurant* sowie dem *thailändischen Nitaya Restaurant* in München.

Martina Meuth beim Essen auf der Insel Po Toi vor Hongkong – ein wahres Paradies für Seafood-Fans. Bernd Neuner-Duttenhofer läßt sich auf Bali zeigen, wie man einen Sarong umbindet – gar nicht so einfach!

Auf den Spuren des wahren Geschmacks

Immer mehr Menschen sind in den letzten Jahren nach Asien gereist und wollen nun zu Hause genießen, was sie dort kennengelernt haben. Denn wer heute nach Asien kommt, sei es geschäftlich oder im Urlaub, will die Landesküche probieren – nicht Würstel und Kraut, Eisbein oder Kassler wie die legendären Italien- und Spanienfahrer der 60er Jahre. Man hat die intensiven Gewürze der pakistanischen und indischen, die frischen, aromatischen Kräuter der thailändischen, die sich auf das Wesentliche beschränkende Klarheit der japanischen, den Reichtum und die Raffinesse der chinesischen Küche vor Ort genossen und will sie nicht mehr missen.
Asiatische Restaurants haben deshalb bei uns derzeit die größten Erfolge. Thailändisch, indisch, vietnamesisch oder japanisch zu essen ist Zeichen kulinarischer Erfahrung und Weltläufigkeit. Chinesische Restaurants gibt's allenthalben (wenn auch leider selten wirklich gute!), erscheinen uns kaum mehr exotischer als griechische oder italienische.

Aber wer will schon auf Dauer auf Restaurants angewiesen sein? Man möchte zu Hause kochen, experimentieren mit aufregenden Gewürzen und praktischen Garmethoden. Wenn die Erfahrung fehlt, geht's in den Buchladen. Schnell stellt man fest, daß nur wenige Bücher ausreichend über die landestypischen Produkte, ihre Qualität und ihre richtige Verwendung informieren. Eine Sammlung von Rezepten macht fast immer zu wenig klar, welchen Stellenwert das Essen in den verschiedenen Ländern und Regionen hat, oft wird auch nicht so richtig deutlich, was eigentlich das Wesen der jeweiligen Küche ausmacht.
All dies haben wir versucht, mit diesem Buch zu erfassen. Wir richten deshalb ein Hauptaugenmerk auf die uns teilweise doch sehr fremden und für die meisten noch weitgehend unbekannten Produkte. In den letzten Jahren sind viele Läden entstanden, wo man sie kaufen kann – vielleicht nicht auf dem platten Lande, aber doch in allen Groß- und vielen mittelgroßen Städten. Man findet sie im Telefonbuch – vorzugsweise unter den Begriffen »Asia«, »Asien«, »China«, »Thai« oder »Japan«. Nützlich ist außerdem, in den entsprechenden Restaurants nachzufragen, wo sie einkaufen.
Wir zeigen Schritt für Schritt die Zubereitung sehr typischer Gerichte – wobei wir nachdrücklich darauf hinweisen wollen, daß wir die Rezepte nicht für den hiesigen Geschmack abgewandelt, sondern ihren originalen Charakter belassen haben. Das unterscheidet dieses Buch von vielen anderen, die unserer Meinung nach die chinesische Küche bereits in Verruf gebracht haben und dies mit anderen asiatischen Küchen zu tun im Begriffe sind: mit Rezepten, die entweder dem europäischen Geschmack und hiesiger Küchenpraxis angepaßt oder gar aus deutsch-biederem Rezeptdenken entwickelt wurden. Da mögen so manche Produkte der Tiefkühl- und Konservenindustrie Pate gestanden haben und nur, weil im Wok gekocht und Paprika kleingeschnitten, Wolkenohrpilze und Sojasauce drin sind, wird daraus noch kein chinesisches Rezept.
Wir haben eher die exemplarische Art der Zubereitung in den Mittelpunkt gestellt als eine ausgefallene Spezialität. Typische Zusammenstellungen waren uns wichtiger als seltene Zutaten. Auf die genaue Erläuterung der Garmethode haben wir nicht weniger Wert gelegt als auf den individuellen Charakter des Rezepts.

. . . für Genießer

Asiatisch zu essen, das weiß heute fast jeder, ist gesund – man kommt mit weniger Fett aus, die Lebensmittel werden häufig roh gegessen oder nur kurz gegart und behalten so mehr Inhaltsstoffe. Die Gewürze fördern die Verdauung, regen die Körperfunktionen an, verhindern ein frühzeitiges Verderben und Unverträglichkeit der Speisen. Die Diätetik ist nicht zur Krankenkost verkommen, sondern Bestandteil eines jeglichen, dabei ganz selbstverständlich vollwertigen, ganzheitlichen Genusses: Wie könnte man etwas wirklich genießen, wenn es dem Körper schadet? Vor allem in der chinesischen Küche sind es nie nur die geschmacklichen, sondern auch die gesundheitlichen Aspekte, die den Wert eines Gerichtes bestimmen.
In fast allen Küchen Asiens spielt bei der Zusammenstellung von Speisen eine Komponente eine Rolle, die in der europäischen Küche weitgehend in den Hintergrund getreten ist: Das kontrastreiche Zusammenspiel von verschiedenen Konsistenzen, wodurch besondere Eindrücke beim Essen entstehen. So ergänzt man – ähnlich wie in unserer Küche süß und sauer, salzig und mild, bitter – hier Weiches mit Knurpseligem, Festes mit Zartem, Knackiges mit Sanftem, Knuspriges mit Schmelzendem.
Inzwischen haben europäische und vor allem amerikanische Köche (Kalifornien) diese Kompositionsmöglichkeiten auch für die westliche Küche neu entdeckt. Die asiatischen Einflüsse tun den klassischen Anrichtungen sehr gut, erleichtern sie und machen sie bekömmlicher.

Mengen und Proportionen

So, wie man bei uns niemals einen Braten ohne Beilagen zu Tisch bringen würde, ist es für Chinesen, Malaysier, Filipinos oder Thailänder unvorstellbar, nur ein einziges Gericht zu servieren – es sei denn, man nimmt nur rasch ein Schüsselchen Suppe als einsamen Mittagsimbiß zu sich. Asiatisch Essen ist eigentlich immer eine gesellige Sache, und das Schöne daran ist, daß man um so mehr Köstlichkeiten probieren kann, je mehr Personen um die Tafel versammelt sind. Denn es sollten mindestens so viele verschiedene Platten aufgetischt werden, wie Gäste da sind. Vor allem in Hongkong sollte man nie darauf angewiesen sein, allein oder zu zweit essen zu müssen – in fast allen Restaurants werden die Delikatessen, wie Spanferkel, Haifischflossen, Schwalbennester oder Abalone, mindestens für sechs, meist aber für acht oder gar zwölf Personen serviert! Natürlich kocht man zu Hause ganz anders – wir haben die Zutatenmengen in unseren Rezepten daher so bemessen, daß Sie pro Person ein Gericht servieren können, außerdem gehört natürlich noch Reis dazu, vorweg eine frische, appetitanregende Vorspeise, und für ein Dessert oder Obst sollte dann auch noch Platz sein ...

China

Hongkong – Zentrum der südchinesischen Küche

Das farbenfrohe Spiel der Leuchtreklamen an den Wolkenkratzern von Hongkong schimmert über dem im abendlichen Dunkel liegenden Hafen. Unaufhörlich stampfen auch jetzt noch geschäftige Schlepper durch die Wellen, ziehen haushohe schwimmende Ladekräne und bis zum Rand gefüllte Kähne hinter sich her – wir genießen das Spektakel vor den Fenstern des *Lai Ching Heen*, dem chinesischen Restaurant des Regent Hotels. Stäbchen aus Elfenbein und Silber, auf einem Bänkchen aus grüner Jade ruhend; auch der Suppenlöffel aus Silber, mit Jadegriff; Platzteller aus Jade, feines Kristall, damastene Tischdecken und Servietten: der passende Rahmen für das beste Essen der Stadt!

Ein gefährlicher, aber durch die Meinung der verschiedensten Restaurant-Führer einhellig abgesicherter Superlativ! Es gibt gewiß keine Stadt auf Erden, wo so viele Restaurants so unterschiedliche Küchen in so erstaunlicher Qualität und Originalität bieten. Faszinierend, mit welcher Lust sich die Hongkong-Chinesen auf die französische, italienische, thailändische, japanische und sogar deutsche Küche stürzen! Aber natürlich steht im Mittelpunkt allen kulinarischen Interesses, was die chinesischen Provinzen zu bieten haben: In dieser Stadt werden die gesamten Küchentraditionen des riesigen chinesischen Reiches mit ihren so unterschiedlichen Stilen zum kulinarischen Gipfel getrieben

Elegant und großzügig: das Lai Ching Heen, das chinesische Restaurant des Regent Hotels in Hongkong

Aus grüner, glückbringender Jade, Elfenbein und Silber sind die Platz-Sets, Eß-Stäbchen und Vorlegelöffel

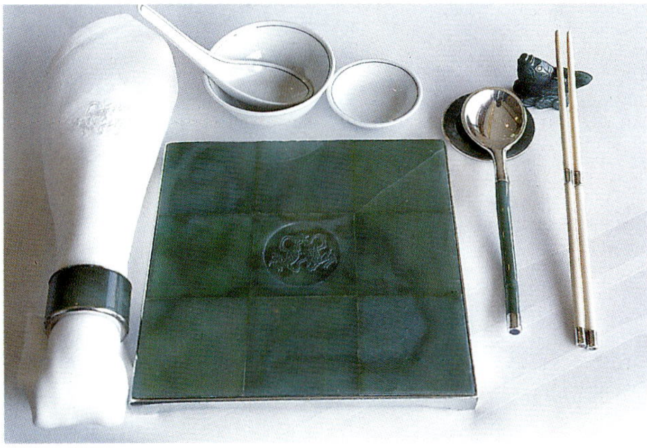

– in der Volksrepublik China werden die während der Kulturrevolution zerstörten Traditionen zwar langsam wieder zu neuem Leben erweckt, aber Versorgungslage und Mentalität ermöglichen natürlich noch längst keine Spitzenküche. Die traditionelle Kaiserküche Pekings, die feurigscharfe Szechuan-küche, die würzigen Speisen Shanghais, die abwechslungsreichen Gerichte Hunans und natürlich das Beste aus der elegantesten Küche Chinas, der Kantonküche, lernt man am allerbesten in Hongkong kennen. Übrigens: Eine einheitliche »chinesische Küche« gibt es ebensowenig wie eine »europäische«. Die Unterschiede der Regionalküchen Chinas sind mindestens so groß wie zwischen schwedischer und italienischer, französischer und ungarischer Küche!

Im *Lai Ching Heen* versteht man sich auf eine elegante, luxuriöse, höchst raffinierte, sehr moderne Kantonküche. Hier kann man wunderbar genau nachschmecken, welch außerordentliche Ergebnisse erstklassige Qualität der Zutaten und präzises Arbeiten hervorzubringen vermögen. Nirgendwo ist die Haifischflossensuppe derart intensiv, die Konsistenz so zart, niemals haben wir bessere Vogelnester bekommen, unglaublich wohlschmeckend die gemischten Gemüse mit *bamboo pith*, seltenen, teuren und überaus köstlichen Pilzen. Die Gerichte sind leicht, immer etwas säuerlich abgeschmeckt, sanft geschärft und mit einer zarten, die Aromen unterstreichenden Süße. Natürlich nimmt man hier kein Glutamat, das sonst gern als Geschmacksverstärker verwendet wird: Es brennt ein wenig auf den Lippen, macht Durst, und manche Leute reagieren darauf allergisch – eine schlechte, völlig überflüssige Zutat!

Die Küche des *Lai Ching Heen* wissen vor allem die Chinesen selbst zu schätzen: An großen, runden Tischen tafeln sie lautstark und fröhlich. Der Klimaanlage und dem eleganten Rahmen zum Trotz legen sie zum anstrengenden Vergnügen die Jacketts ab und putzen schmatzend die vielen gleichzeitig aufgetragenen Schüsseln weg. Niemand hat »sein« Gericht, alles ist für alle da, jeder holt sich mit seinen Stäbchen mal hier, mal dort einen Leckerbissen aus der Schüssel.

Neidisch schauen wir ihnen zu: Zu zweit können wir gar nicht so viele verschiedene Gerichte kosten, wie es für ein ordentliches chinesisches Essen nötig und für unser Vergnügen wünschenswert wäre – wir entdekken dann jedoch mit Freude in der Karte ein Menü aus lauter kleinen Portionen, so daß wir doch in den Genuß der angenehmen Vielfalt kommen.

Krönender Abschluß des Essens: ein Berg von fein geschabtem Eis, in den saftiges und kunstvoll geschnitztes Obst eingearbeitet ist. Desserts wie Cremes, Puddings oder Flans im europäischen Sinne kennt die chinesische Küche nicht. Das Backwerk hingegen ist für unseren Geschmack zu süß und klebrig, auch können wir in der süßen Bohnenpaste, mit der fast alles gefüllt ist, keinen Reiz entdecken.

In einer chinesischen Restaurantküche geht es völlig anders zu, als in einer europäischen. Das Wichtigste sind die Feuerstellen: In mit Schamottsteinen ausgemauerten Löchern sitzen gewaltige Gasbrenner. Die Flammen schlagen bis zu zwei Metern aus den Löchern, wenn der daraufsitzende Wok weggenommen wird. Der Wok, die halbrunde Universalpfanne, sitzt auf einem dicht schließenden Ring, der nur auf der dem Koch abgewandten Seite offen ist, so daß die Flamme hieraus abziehen kann. Die Oberfläche der Herde ist aus Stahl, leicht abschüssig, es fließt ständig kaltes Wasser darüber, so daß auf den Koch selbst kaum Hitze abstrahlt. Außerdem transportiert das nach hinten ablaufende Wasser überschüssiges Bratfett weg, das man so einfach wegkippen kann.

Es herrscht ein ständiges Hin und Her – jeder Koch holt sich aus bereitgestellten Schüsseln die vorbereite-

Die richtige Hitze zum Kochen im Wok: ganze zwanzig Gasdüsen sind zur gewaltigen Flamme gebündelt

Praktisch: in riesigen Dämpfkörben werden die auf Tellern angerichteten Fische schonend gegart

ten Zutaten, die er für »sein« Gericht braucht. In der chinesischen Küche laufen Vorbereitung und Zubereitung nämlich völlig getrennt voneinander ab: Erst wird alles präpariert – eingeweicht, gewaschen, geputzt, geschnitten, geschnitzt, ausgestochen, filiert, mariniert, gewürzt und so weiter. Das ist der zeitaufwendige Arbeitsteil – das Kochen selbst geht dann bei größter Hitze Ruckzuck. Übrigens: Die winzigen Mengen, die man für jeweils ein Gericht von den verschiedenen Zutaten benötigt, kann man natürlich nicht einzeln einkaufen. Die Marktfrau lacht doch bloß, wenn jemand 50 Gramm Chinakohl, eine Handvoll Zuckererbsenschoten und 100 Gramm Sojakeime wünscht. Da hilft nur eins: öfter chinesisch kochen! Ein Chinakohlkopf reicht so mühelos eine Woche – und keine Angst, es wird jeden Tag was anderes draus. Reste sind auf einmal hochwillkommen: einige Spinatblätter, ein Stück Lauch, eine Möhre, ein paar übriggebliebene Champignons und ein Stückchen Fleisch – alles in Streifen oder Scheibchen geschnitten, im Wok herumgewirbelt, mit Sojasauce und Sesamöl gewürzt – so steht im Handumdrehen ein fabelhaftes Essen auf dem Tisch.

DER WOK UND ANDERE NÜTZLICHE GERÄTSCHAFTEN

Aus einem einzigen Schnitzel ein Essen für eine ganze Familie zu zaubern ist für eine chinesische Hausfrau kein Problem. Sie schneidet es kurzerhand in winzig kleine Stücke und sorgt mit einer Menge (wohlfeilem) Gemüse nicht nur optisch für Fülle. Außerdem spart sie dabei kostbares Brennmaterial, weil alles viel schneller gar ist, als ein großes Bratenstück mit seinen Beilagen.
Die wichtigste Garmethode dafür ist das sogenannte **Pfannenrühren:** dabei werden die Zutaten mit einer Schaufel ständig in einer glühendheißen Pfanne herumgewirbelt und bewegt. Damit dabei nicht alles über den Rand hinausfliegt, muß die Pfanne über einen möglichst hochgezogenen Rand verfügen.
Die Chinesen haben dafür den sogenannten **Wok**, ein unglaublich praktisches und vielseitiges Kochgerät, in dem man braten, kochen, fritieren und – mit Hilfe praktischer Bambuskörbchen – auch dämpfen kann. Die halbkugelförmige, ausladende Pfanne sitzt in einem ausgesparten Loch über der Feuerstelle. Die Hitze wirkt daher auf die Zutaten an der vergleichsweise kleinen Bodenfläche am stärksten ein, während sie an den hochgezogenen »kühleren« Seitenwänden schonender garen.
Unsere europäischen Küchen sind darauf leider nicht eingerichtet: Gasherde sind so gedrosselt, daß sie nicht genügend Hitze produzieren, der zarte Flammenkranz um den Brennkopf ist nicht ausreichend gebündelt; außerdem kann das Feuer die Wände hochstreichen, es entsteht also überall Hitze, und es fehlt die kühle Zone am Pfannenrand. Nötig wären eine Art großer Bunsenbrenner, aus dem eine einzige starke Flamme faucht, und ein Ring zum Einsetzen des Woks, der sonst ja keinen Halt fände. Den am Boden gewölbten Originalwok aus Eisenblech mit Stellring (oben links) gibt's in Chinaläden zu kaufen. Einfach und erfreulich billig. Er ist übrigens rostanfällig und muß daher nach jedem Gebrauch gut eingeölt werden.
Für Elektroherde ist der beste Wok aus emailliertem Stahl (oben rechts); er hat einen planen Boden, der auf der Platte sicher steht. Automatikplatten, die sich beim Erreichen einer bestimmten Temperatur abschalten, sind übrigens geeignet, einen chinesischen Koch zum Wahnsinn zu treiben. Also lieber die Normalplatte wählen, die schon mal ins Glühen geraten kann. Dank der hohen Temperaturen sind nicht nur die Zutaten in Sekundenschnelle gar, die starke Hitze verleiht ihnen einen ganz eigenen, sehr typischen, eben chinesischen Geschmack.

Bambuskörbchen, deren Boden aus halbzentimeterweit voneinander entfernten Bambusleisten besteht, damit ausreichend Dampf zirkulieren kann, braucht man für alle Arten von *Dim Sum* (siehe auch Seite 25 f.). Man kann sie in verschiedenen Größen im Asienshop kaufen.

Das **chinesische Küchenbeil** wirkt zunächst vielleicht etwas unhandlich mit seiner breiten Schneide. Wer aber sich einmal daran gewöhnt hat, wird es nicht mehr aus der Hand legen. Man kann damit besonders präzise schneiden, zum Beispiel Gemüse in streichholzfeine Streifen, und anschließend dient es noch, die zerkleinerten Zutaten vom Schneidebrett zur Pfanne zu transportieren.
Witzig sind die chinesischen **Ausstechförmchen**, mit denen man aus Gemüsescheiben allerlei Getier ausstechen kann. So kommen Fischchen in die Suppe oder Gänse ins gemischte Gemüse.

DIE WICHTIGSTEN GEWÜRZE

Den typisch chinesischen Geschmack bringt der Dreiklang: Ingwer, Sojasauce und Sesamöl; Außerdem **Knoblauch**, der natürlich frisch und saftig sein sollte.

Ingwer: Natürlich ist die frische Wurzel gemeint, kein Pulver, nicht in Sirup eingelegt und nicht kandiert. Am besten würzt und schmeckt der aus Thailand oder Südostasien importierte Ingwer. Der aus Brasilien ist faseriger, weniger fruchtig und feurig. In jedem Fall wichtig: Nur strotzend kräftige Wurzeln kaufen, die sich fest anfühlen und seidig schimmern; alles, was müde und lasch, gar schrumpelig ist, liegenlassen oder besser dem Geschäftsführer mit dem Tip überreichen, für frischen Nachschub zu sorgen.

Sojasauce: Eine dunkle Würzsauce aus mit Weizen oder Gerste und Hefe fermentierten Sojabohnen. Die chinesische Küche kennt verschiedene Varianten: z. B. eine sehr dunkle, würzigere für dunkles Fleisch und kräftige Aromen. Eine hellere Sojasauce, auch milder im Geschmack, ist bei Fisch und Geflügel angesagt.

Sesamöl: Würzöl aus gerösteten Sesamsamen. Ein paar Tropfen geben chinesischen Speisen ihr charakteristisches chinesisches Aroma. Wird also nur löffelweise als Gewürz, nicht als Bratfett verwendet. (Nicht verwechseln mit Sesamöl aus dem Reform- oder Feinkostladen, das aus Sesamsaat kaltgepreßt wurde und relativ neutral schmeckt. Es ist in keinem Fall Ersatz!)

Sherry dient als Würzmittel in chinesischen Rezepten. Natürlich müßte es eigentlich klarer **Reiswein** sein, der jedoch mit einem Alkoholgehalt von ca. 17 % Sherry ähnlicher ist als normalem Wein.

Szechuanpfeffer (auf dem Bild oben im Mörser)**:** Die karmesinroten, stecknadelkopfgroßen, plustrigen Beeren sind in den würzigen, feurigen Gerichten der Szechuanküche unentbehrlich.
Man muß sie zunächst einmal rösten, bevor man sie verwendet: In der trockenen Pfanne so lange auf starkem Feuer schütteln, bis sie duften.
Dann abgekühlt in eine gut verschließbare Dose füllen – so hält sich der Pfeffer jahrelang. Man würzt mit den ganzen, den grob im Mörser zerstoßenen oder in der Pfeffermühle gemahlenen Beeren, ganz nach Gusto. Wer ihn probiert, spürt zunächst gar nichts, erst nach einer Sekunde etwa explodiert das fruchtige, pfeffrige Aroma im Mund und hinterläßt einen aufregend frischen Geschmack.

Fünfgewürzpulver, eine Art universelles Gewürz in der chinesischen Küche. Für Suppen, Brühen und Saucen (Meistersauce), auch für Schmorgerichte und für die berühmte Peking-Ente.
Besteht aus: Szechuanpfeffer, Cassia-Zimt, Sternanis, Fenchelsaat und Nelken.

Gefüllte Garnelen im Reispapiermantel

Sie sehen bildschön aus und schmecken umwerfend – als Vorspeise oder als Imbiß-Häppchen zu einem Glas Champagner.

Für vier bis sechs Personen:
8 Reispapierblätter (siehe dazu Seite 27),
8 mittelgroße Garnelenschwänze,
150 g Hähnchenfleisch,
je 1 TL feingehackter Ingwer, Knoblauch, Frühlingszwiebel und Koriandergrün,
je 1 TL Sojasauce und Sesamöl,
je 1 Prise Zucker, Salz und Pfeffer,
8 Korianderblätter zum Garnieren

1.
Die Reispapierblätter nebeneinander auf einem feuchten Tuch ausbreiten, mit Wasser besprühen und mit einem zweiten feuchten Tuch zugedeckt einweichen, bis sie nicht mehr transparent, sondern opak wirken.

2.
Die Garnelen schälen, dabei das Schwanzende dranlassen. Rücklings aufschneiden, den schwarzen Darm entfernen, das Fleisch flach auseinanderdrücken.

3.
Das Hähnchenfleisch mit einem großen Messer zu feinem Mus hacken, dabei Ingwer, Knoblauch, Frühlingszwiebel und ein paar Korianderblätter mithakken. Die Farce mit Sojasauce, einigen Tropfen Sesamöl, Zucker, Salz und Pfeffer abschmecken.

4.
Diese Masse auf den flachgedrückten Garnelenrücken verteilen und etwas festdrücken. Jeweils ein Korianderblatt obenaufsetzen.

5.
Die Reispapierblätter so zuschneiden, daß jedes ein Band so lang wie ein Garnelenschwanz ist. Die Schwänze einmal damit umwickeln, was zuviel ist, wegschneiden. Das Schwanzende soll jeweils herausschauen.

6.
Die Päckchen nebeneinander auf einen mit Sesamöl eingepinselten Dämpfeinsatz betten. Über Wasserdampf etwa 10 bis 12 Minuten garen. Zum Einstippen Soja- und Chilisauce servieren.

Pfannengerührter Fisch mit Möhre und Brunnenkresse

Nach diesem Grundrezept kann man jegliche Art von Fischfilet zubereiten, vom Kabeljau bis zur Seezunge. Ebenso darf man mit den Gemüsen variieren, ganz nach Angebot und Saison. Wichtig: Der Fisch darf nur ganz kurz, wenn alles andere bereits fertig ist, in die Pfanne, damit er nicht zerfällt oder zu trocken wird.

Für vier Personen:
2 Möhren, 2–3 Selleriestengel,
2 Frühlingszwiebeln,
je 1 EL feingehackter Knoblauch und Ingwer,
3 EL neutrales Öl,
1 EL Sesamöl, Salz, Zucker, Pfeffer,
1–2 EL Sojasauce, 1/8 l Brühe, 2 EL Sherry oder Reiswein, 500 g Fischfilet, Zitronensaft,
1 Handvoll Brunnenkresse

1.
Die Möhren schälen, längs in Scheiben hobeln, dann wiederum längs in streichholzfeine Streifen schneiden, diese auf Streichholzlänge kürzen.

2.
Sellerie ebenfalls auf Streichholzformat zuschneiden. Das Weiße der Frühlingszwiebeln in Ringe, das Grün in zentimeterbreite Stücke schneiden.

3.
Knoblauch und Ingwer im heißen Ölgemisch auf starkem Feuer schwenken. Die Möhren zufügen und braten, sofort salzen, damit sie ihre leuchtende Farbe behalten. Frühlingszwiebeln und Sellerie zufügen. Zuckern und pfeffern, Sojasauce, Brühe und Sherry oder Reiswein angießen und aufkochen.

4.
Das Fischfilet in zweizentimeterbreite Scheiben schneiden und in die Pfanne geben. Wenden und rühren, aber vorsichtig, damit die Stücke nicht zerfallen.

5.
Mit Zitronensaft würzen und zum Schluß die zerzupfte Brunnenkresse untermischen.

Schweinefleisch mit Auberginen

Für vier Personen:
2 EL Wolkenohrpilze, 250 g Schweinehackfleisch,
1 TL Speisestärke, 1 TL Sesamöl, 1 EL Sojasauce,
2 Frühlingszwiebeln, 2 mittelgroße Auberginen,
Öl zum Fritieren, Salz, Pfeffer,
je 1 EL gehackter Knoblauch, Ingwer und Schalotte
2 getrocknete Chilischoten,
1 EL schwarze Bohnen, 2 EL Sojasauce,
2 EL Sherry oder Reiswein, 1/8 l Hühnerbrühe,
chinesischer Schnittlauch

1.
Die Pilze mit Wasser überbrühen und einweichen.

2.
Das Hackfleisch mit Stärke, Sesamöl und Sojasauce gründlich mischen und marinieren.

3.
Das Weiße der Frühlingszwiebeln in schmale Ringe schneiden, das Grün in dreizentimeterlange Stücke.

4.
Auberginen ungeschält längs in gut fingerdicke Streifen schneiden. Im heißen Öl zwei Minuten lang fritieren. Mit einer Schaumkelle herausheben, beiseite stellen, salzen und pfeffern.

5.
Nur einen Löffel Öl in der Pfanne lassen, darin das Hackfleisch anbraten, dabei Knoblauch, Ingwer, Schalotte, das Weiße der Frühlingszwiebeln und schließlich nach und nach eingeweichte Pilze, entkernte Chilis und schwarze Bohnen zufügen. Sojasauce, Sherry oder Reiswein und Hühnerbrühe angießen. Etwa zehn Minuten leise köcheln.

6.
Die Auberginen untermischen, zum Schluß auch den in Streifen geschnittenen Schnittlauch. Alles noch einmal auf starkem Feuer mischen. Kann man übrigens auch kalt servieren!

Szechuan-Hähnchen mit Mandeln

Für vier Personen:
300 g Hähnchenfleisch, 1 EL Speisestärke,
5 große, mittelscharfe, getrocknete Chili,
3–4 Frühlingszwiebeln, 3 EL neutrales Öl,
1 EL Sesamöl, 100 g geschälte Mandeln,
je 1 EL feingehackter Knoblauch und Ingwer, Salz, Pfeffer,
1 EL Zucker, 1 EL Szechuanpfeffer,
2 EL Sojasauce, 2 EL Sherry, 3–4 EL Hühnerbrühe,
1 EL Reisessig

1.
Das Fleisch in gut zentimetergroße Würfel schneiden. Mit der Stärke überpudern, sie gut einmassieren. Beiseite stellen.

2.
Die Chili entkernen und in grobe Stücke brechen. Das Weiße der Frühlingszwiebeln in Ringe, das Grün in zweizentimeterlange Stücke schneiden.

3.
Beide Ölsorten im Wok oder einer großen Pfanne erhitzen, die Mandeln darin rasch unter Rühren anrösten, herausheben und beiseite stellen.

4.
Das Hähnchenfleisch ins heiße Bratfett geben, unter Rühren braten, dabei Chili, weiße Zwiebel, Knoblauch und Ingwer zufügen, salzen und pfeffern. Vorsicht: Es entsteigt der Pfanne ein beißend scharfer Chiliduft, der jedoch gleich verfliegt.

5.
Mit Zucker und Szechuanpfeffer würzen. Sojasauce, Sherry, Brühe und Reisessig angießen. Das Zwiebelgrün in die Pfanne geben, rasch auch die Mandeln untermischen, alles nochmal aufkochen und sofort servieren.

TIP
Die reichliche Menge Chili klingt feuriger als sie ist. Beim Braten geben die getrockneten Schoten ihr Aroma ab, aber nicht allzuviel ihrer Schärfe. Wichtig ist, daß man sie nicht zu klein zerbröselt, damit man sie später leicht herausfischen kann, falls man sie nicht mitessen möchte.

Pfannengerührtes Rindfleisch mit Austernsauce

Für vier Personen:
350 g Rinderlende, 2 EL Sojasauce,
1 EL Sesamöl, 1 TL Speisestärke,
1/2 TL Backpulver, 200 g Broccoli, 2 EL Öl,
je 1 EL gehackter Knoblauch, Ingwer und Schalotten,
Salz, 1/2 TL Zucker, Pfeffer,
2 EL Sherry oder Reiswein, 2 EL Austernsauce,
4 EL Hühnerbrühe

1.
Das Rindfleisch quer zur Faser in feine Scheibchen schneiden, mit je nur einem Teelöffel Sojasauce und Sesamöl sowie der Stärke und dem Backpulver gründlich mischen. Eine halbe Stunde marinieren.

2.
Die einzelnen Broccoliröschen von den Strünken schneiden. Die Strünke schälen, dann schräg in dünne Scheiben schneiden.

3.
Das Fleisch im heißen Öl rasch unter Rühren anbraten, dabei einen Teil vom Knoblauch, Ingwer und den Schalotten dazustreuen. Salzen, mit Zucker und Pfeffer würzen. Herausheben und beiseite stellen.

4.
Die Broccolistrunkscheiben in die Pfanne geben und einige Sekunden anbraten, die Röschen zufügen, sofort salzen, damit die Farbe erhalten bleibt. Den restlichen Knoblauch, Ingwer und die Schalotten zufügen. Restliche Sojasauce, das übrige Sesamöl, Sherry, Austernsauce und Hühnerbrühe angießen.

5.
Rasch aufkochen, dabei alles durcheinanderwirbeln. Das Fleisch wieder hinzufügen und untermischen. Sofort servieren.

TIP
Nehmen Sie dies als Grundrezept und variieren Sie mit anderen Gemüsesorten. Zum Beispiel mit grünem oder weißem Spargel, grünen Bohnen, Paprika, Blumenkohl usw. – jeweils in Stifte, Scheiben oder Streifen geschnitten. Blanchieren ist nicht nötig, einfach roh ins rauchend heiße Öl werfen und rühren. Wenn Sie es dabei sofort salzen, behält es seine leuchtende Farbe.

Mächtig und würzig – die nördlichen Landesküchen

Mühsam, vorsichtig, aber bestimmt und ständig bimmelnd schiebt sich die Straßenbahn durch den Markt von *North Point* auf *Hongkong Island*. Wir haben das seltene Glück, die erste Bank im zweiten Stock der Bahn, unmittelbar über dem Fahrer, ergattert zu haben, und erleben das Spektakel von Hongkong City auf einzigartige Weise: einerseits mitten im Gewusel der Menschen, andererseits distanziert wie im Kino.

Eigentlich ist ganz Hongkong ein einziger riesiger Markt. Aber an manchen Orten verdichtet sich das Geschehen in ungeheurem Maße und konzentriert sich im Kern der einzelnen Stadtviertel ganz auf das Wichtigste, auf die Viktualien. Fisch, Fleisch, Gemüse und Gewürze; intensive Düfte und Gerüche schwängern die schwüle Luft; das Gedränge der Passanten nimmt beängstigende Ausmaße an, ohrenbetäubendes Geschrei, gellende Rufe, rastloses Geschnatter...

Vor einem Menschenknäuel stoppt die Bahn. Diskussionen, dann plötzlich eine Insel gespannter Stille: Ein Händler hat eine Schlange am Hals gepackt, hebt sie hoch und setzt das Messer an – Blut quillt, wird in einem Schälchen aufgefangen. Ein Raunen geht durch die Menge – das Opfer ist vorbei, die Leute gehen zufrieden auseinander, die Bahn kann weiterfahren.

Links wie rechts Läden, rollende Verkaufsstände und improvisierte Buden, ein Tisch, ein Stuhl, ein Bananenkarton genügen als Auslage: In geflochtenen Körben die schönsten Kräuter und Gemüse, Berge von Bohnensprossen und buntem, duftendem Obst. Hier sorgfältig geschichtete Stapel von leuchtendlila Auberginen, tiefgrünen Bittergurken, orangefarbenen Möhren, graubraunen Strohpilzen und den lindgrünen Stauden von Pak Soi, dort hübsch geschnürte Bündel von chromgelb blühendem Senfkohl, blaugrünem chinesischen Schnittlauch, von strahlendweißen Frühlingszwiebeln und bunt gemischtem Suppengemüse.

Strenge Düfte an den Ständen mit eingesalzenen oder luftgetrockneten Fischen, Tintenfischen und Muscheln! Einen Stand weiter zwei Dutzend verschiedene Sorten getrockneter Pilze, die ihr würziges Aroma verströmen. Dann die berühmten hundertjährigen Eier, die

Im düsteren Untergeschoß der Halle vom Central Market präsentieren die Metzger ihre Ware

Mitten durch den Markt von North Point bahnt sich die doppelstöckige Straßenbahn ratternd ihren Weg

trotz Lehmhülle höchst intensiv vor sich hin stinken, daneben Haifischflossen, Muskatnüsse, Zimtstangen, Knoblauch, Ingwer und all die vielen anderen Gewürze, die einerseits dem Genuß dienen, andererseits der Gesundheit förderlich sind...

Laut schreiend preist ein dicker Händler lebende Frösche an, muß immer wieder nach einem greifen, der trotz zusammengebundener Hinterläufe aus der Waagschale gesprungen ist. Hier schwenkt eine Frau einen Fisch über den Kopf, der quicklebendig in einer mit Wasser gefüllten Plastiktüte schwimmt. Dort verkauft ein Kind Schnecken, die es erst von den Schienen sammeln muß, damit die Straßenbahn weiter fahren kann. Hühner und Tauben strecken ihre Köpfe durch den Maschendraht der kleinen Käfige; in einer flachen Wanne mit Meerwasser hüpfen durchsichtig-graue Garnelen, nebenan blähen Flundern und Barsche ihre Kiemen. Die Metzger zerteilen das Fleisch erst vor den Augen der Kunden, die eben herausgelösten Innereien der Tiere hängen glänzend an Haken über der Auslage: Lebern und Nieren, Mägen und Herzen, Därme, Hoden und Penisse, Hirne – alles geschätzte Leckerbissen! Die gerade geschlachteten Enten werden in großen Eimern mit heißem Pech gedreht, anschließend in eiskaltem Wasser abgekühlt, das erstarrte Pech läßt sich jetzt abziehen und nimmt die Federn sauber mit: Jetzt leuchtet die Haut hell wie Elfenbein.

Die Händler gießen immer wieder Wasser über Fische, Kräuter und Gemüse, alles glänzt in knackiger Frische und herrlichen Farben. Absolute Frische ist das Gebot. Eine perfekte Hausfrau oder ein guter Koch gehen zweimal täglich einkaufen, damit wirklich nur das Beste und Frischeste auf den Tisch kommt. Das ist die Basis für kulinarische Hochkultur!

Manche Gerichte bereitet aber selbst die fleißigste Hausfrau nicht selber zu – dafür geht man ins Restaurant. Zum Beispiel für die weltberühmte Peking-Ente. Damit jedoch ihre Haut so krachend-knusprig gerät, wie es sich gehört, bedarf es außerdem eines speziellen Ofens, in dem der Vogel nicht liegend, sondern hängend brät. Nur so ist gewährleistet, daß nirgendwo Druckstellen an der Haut entstehen; denn sie ist das Wichtigste dabei (siehe das Photo Seite 8/9).

Berühmt für seine Peking-Ente ist in Hongkong das Restaurant *Spring Moon* des eleganten legendären *Peninsula*-Hotels.

Ein Prachtstück, die wie lackiert glänzende, knusprigbraune Ente! Der Ober ritzt mit einem scharfen Messer exakt bemessene Stückchen aus der Haut und legt sie zusammen mit den Beilagen vor: hauchdünne, sogenannte Mandarin-Pfannkuchen, in die man einen Klecks süßwürziger Hoisinsauce, Frühlingszwiebeln und obenauf ein Stückchen Entenhaut gibt, schließlich aufrollt und mit den Fingern verspeist. Und kaum hat der Ober alle Hautstückchen abgelöst, bemerken wir entsetzt, wie er mitsamt unserer ansonsten unversehrten Ente wieder in der Küche verschwindet. Dabei haben wir noch kein Fizzelchen Fleisch davon gehabt! Während wir noch fassungslos überlegen, wie wir dieses Mißverständnis klären, erscheint der Ober erneut, diesmal trägt er eine prachtvolle silberne Schüssel vor sich her. »Gehacktes Entenfleisch mit Salat«, erläutert er, indem er den Deckel hebt. Er häuft je einen Löffel von dem gehackten, mit Ingwer und Frühlingszwiebeln gewürzten Entenfleisch auf ein Eissalatblatt, beträufelt es mit einem Klecks Hoisinsauce und Essig, faltet daraus ein zierliches Päckchen, das wir nur noch vergnügt in den Mund schieben und genießen müssen ...

Kein Stadtviertel Hongkongs ohne Markt – nirgendwo hat es eine chinesische Hausfrau weit, um zweimal täglich frische Lebensmittel einzukaufen. Und es wird jedes Produkt sachkundig gewogen und ausgewählt!

Die Fische sind so frisch, daß ihre Kiemen leuchten: Sie werden wie Obst und Gemüse auch in appetitanregender Ordnung auf Bambustabletts ausgebreitet. So ist Einkaufen auch ein optisches, also ein doppeltes Vergnügen

NUDELN STATT REIS

Im Norden Chinas gedeiht kein Reis, sondern Weizen; deshalb ist nicht Reis das Hauptnahrungsmittel, man ißt vielmehr Nudeln als »tägliches Brot«. Ihrer Form wegen sind sie Symbol für langes Leben, dürfen daher bei keinem Geburtstagsessen fehlen. Dann werden sie meist in der Suppe serviert, die am Schluß der Mahlzeit aufgetischt wird, um auch noch das letzte freie Plätzchen im Magen auszufüllen. Die besondere Kunst, Nudeln aus einem Stück Teig frei in der Luft zu formen (Bild oben links), beherrschen nur wenige. Im täglichen Küchenfahrplan sind Nudeln mit etwas würziger Sauce oder einem pfannengerührten Fleischgericht eine rasche Mahlzeit. Nudeln gibt es aus ganz unterschiedlichen Zutaten (Photo oben rechts, von links nach rechts): Ganz normale **Eiernudeln aus Weizenmehl**, wie wir sie kennen, statt mit Hühnereiern zuweilen auch mit Enteneiern zubereitet, was den Nudeln eine dunklere Farbe gibt. Nach Meer duften Eiernudeln, deren Teig mit Krabbenextrakt gewürzt wurde. Kurkuma macht sie leuchtend gelb. Schneeweiß wirken Nudeln aus Reismehl sogar nach dem Kochen. Die transparenten **Glasnudeln,** haarfeine Nudeln aus Mungobohnenmehl oder aus Speisestärke, bleiben auch nach dem Einweichen durchsichtig. Sie brauchen nur mit kochendem Wasser überbrüht und eingeweicht zu werden, während man Reisnudeln, vor allem die breiteren, einige Minuten in reichlich Wasser kochen muß. Übriggebliebene Nudeln vermischt man mit Sesamöl, damit sie nicht zusammenkleben, und wärmt sie anderntags im heißen Dampf oder im Wok auf.

Bambussprossen (Bild unten): Die zarten, jungen Triebe einer bestimmten Bambusart, die zweimal im Jahr austreibt. Gibt's bei uns ausschließlich in Dosen. Aber Vorsicht: darauf achten, daß sie möglichst im Ganzen verpackt sind, nicht als Abschnitte. (Je billiger, desto mäßiger die Qualität). Gute Bambussprossen sind von blaßgelber Farbe, gleichmäßig zart, aber durch und durch knackig.

Wasserkastanien (ohne Bild), auch Wassernüsse genannt: die zwiebelförmigen Stielenden einer Sumpfbinsenpflanze. Gibt's leider nur auf Chinamärkten frisch, bei uns in Dosen. Sie sind aber auch so noch schön knackig und saftig und bilden dadurch den erwünschten Gegensatz zu schmelzendem Gemüse und zartem Fleisch in pfannengerührten Gerichten. Aus der geöffneten Dose sollte man sie in ein Porzellangefäß umpaken. Stets mit Wasser bedeckt halten sich die Wasserkastanien eine gute Woche im Kühlschrank frisch.

Neutrales Öl: Zum Kochen, Braten oder Fritieren nimmt man in der chinesischen Küche am liebsten Erdnußöl, auch kaltgepreßtes, dessen Nußaroma noch erhalten ist. Es läßt sich problemlos stark erhitzen. Trotzdem sollte man es nicht öfter als drei- bis höchstens viermal zum Fritieren verwenden. Natürlich ist auch Sonnenblumen- oder Sojaöl bestens zum Kochen und Braten geeignet. Meist parfümiert man es mit einigen Tropfen **Sesamöl**, das den typischen chinesischen Duft verleiht. Ein chinesischer Koch erhitzt zunächst meist eine große Suppenkelle voll Öl im Wok und fritiert darin das Fleisch mehr, als daß er es brät. Dann gießt er alles Öl in einen Behälter, fängt in einem großen Sieb das Fleisch auf, erhitzt nunmehr nur noch einen Löffel Öl, in dem er die übrigen Zutaten pfannenrührt. Auf diese Weise kommt er mit erheblich weniger Fett aus, als eigentlich zum Anbraten des Fleisches nötig ist.

Tintenfisch in Jasmintee

Wir haben im Deutschen nur einen Begriff für die verschiedenen Arten von Tintenfischen und bezeichnen so nicht nur den Kalmar mit seinem länglichen Körperbeutel, sondern auch die Krake und den dickfleischigen Oktopus. Für dieses Rezept eignet sich am besten der Kalmar (engl. *squid*).

Für vier bis sechs Personen:
1 TL Jasminteeblätter, 500 g Kalmar,
2 Frühlingszwiebeln, 4 Stengel Bleichsellerie,
1–2 mittelscharfe, frische rote Chilischoten,
2 EL neutrales Öl, 1 EL Sesamöl,
je 1 EL gehackter Ingwer und Knoblauch,
Salz, Pfeffer, 1 EL Sojasauce

1.
Den Jasmintee mit 1/8 l kochendem Wasser aufgießen und drei Minuten ziehen lassen. Abgießen, die Blüten aus den Blättern fischen, in den gefilterten Tee geben.

2.
Die Kalmare putzen: die Tentakel (Fangarme) packen und aus dem Körperbeutel ziehen, dabei auch, wenn vorhanden, den steifen Knochenkern entfernen. Die Tentakel waschen, den Kopf oberhalb der Augen abschneiden und mit den Innereien wegwerfen.

3.
Den Körperbeutel aufschneiden, ausspülen, die Innenseite mit einem scharfen Messer akkurat und sorgfältig in eng nebeneinandergesetzten Schnitten einkerben, dann im rechten Winkel dazu ebenso einschneiden, so daß sich die Schnitte kreuzen. Dadurch entsteht ein feines Schachbrettmuster, das nicht nur hübsch aussieht, sondern auch bewirkt, daß die feste Fleischstruktur aufgeschlossen und der manchmal ganz schön bißfeste Tintenfisch zarter wird. In streichholzschachtelgroße Stücke schneiden.

4.
Das Weiße der Frühlingszwiebeln in feine Ringe, das Grün in dreizentimeterlange Streifen, Selleriestengel quer in Scheibchen schneiden. Chili entkernen und fein würfeln.

5.
Im heißen Ölgemisch Ingwer, Knoblauch, Zwiebelweiß und Chiliwürfelchen anbraten, die Tintenfische mit Tentakeln zufügen. Salzen, pfeffern, eine halbe Minute pfannenrühren. Sellerie, nach zehn Sekunden Tee und Sojasauce zufügen, zwei Minuten köcheln.

Rotgeschmorte Schweineschulter

Für vier bis sechs Personen:
ca. 1 kg Schweineschulter, 1 Zwiebel,
3 Knoblauchzehen, 2 cm Ingwerwurzel,
1 fingerlanges Stück Orangenschale (ungespritzt),
2–3 getrocknete Chili,
1/8 l Sojasauce, 1/8 l Sherry,
je 1 TL Pfeffer- und Pimentkörner,
1–2 Stück Sternanis (siehe Seite 48), 1/2 TL Salz,
Korianderblätter und Frühlingszwiebel zum Anrichten

1.
Das Fleisch in einen Topf geben, den das Stück möglichst eben ausfüllt. Zwiebel, Knoblauch, Ingwer schälen, grob zerkleinern und mit den übrigen Gewürzen und Flüssigkeiten zufügen.

2.
Mit Wasser bedecken und langsam zum Kochen bringen. Sobald der zunächst an der Oberfläche gebildete Schaum wieder verschwunden ist, auf nunmehr kleinster Flamme zugedeckt etwa zwei Stunden leise ziehen lassen. Im Sud abkühlen.

3.
Erst am nächsten Tag das Fleisch auf der Aufschnittmaschine in dünne Scheiben schneiden und dachziegelartig auf einer Platte anrichten. Vom Kochsud etwa 1/4 l um die Hälfte einkochen und über die Scheiben träufeln. Mit Koriandergrün und Frühlingszwiebelringen bestreut servieren.

TIP
»Meistersauce« nennt man diesen Kochsud, von dem stets etwas übrigbleibt und fürs nächste Schmorgericht als Basis dient. Dabei wird mit frischen Gewürzen und Zutaten aufgefüllt, und jedesmal wird die Flüssigkeit konzentrierter, aromatischer. Statt Schweineschulter kann man auch andere Fleischsorten in diesem Sud garen. Besonders gut schmeckt zum Beispiel durchwachsener Schweinebauch, der dank der Fettadern schön saftig bleibt, auch Lammschulter (ohne Knochen) oder Rinderwade sind bestens geeignet. Übrigens: Ein Löffel Meistersauce über eine Portion Reis oder Nudeln, einige Korianderblätter und Frühlingszwiebelringe darüber – fertig ist ein fabelhaftes Schnellgericht.

Gehackte Hähnchenbrust im Salatblatt

Für vier Personen:
4 Tongku-Pilze (siehe Seite 28), 2 EL Wolkenohrpilze, 1 dünne Lauchstange, 1 Möhre, 50 g Bambussprossen, 4 Wasserkastanien, 250 g Hähnchenbrustfleisch, 1 TL Speisestärke, 3 TL Sesamöl, 2–3 EL Sojasauce, je 1 EL gehackter Knoblauch, Ingwer und Schalotte, 3 EL neutrales Öl, Salz, 1/2 TL Zucker, Pfeffer, 2 EL Reiswein oder Sherry, 2–4 EL Hühnerbrühe, 2 EL Austernsauce, 1 Kopfsalat, Chilisauce und Reisessig zum Beträufeln

1.
Die getrockneten Pilze mit kochendem Wasser überbrühen und einweichen. Schließlich die Tongku-Pilze winzig würfeln, die Wolkenohrpilze nur grob hacken.

2.
Lauch, Möhre, Bambus und Wasserkastanien ebenfalls in winzige Würfel schneiden.

3.
Hähnchenfleisch von Hand fein hacken. Mit Stärke, einem Teelöffel Sesamöl und einem Eßlöffel Sojasauce mischen und marinieren.

4.
Knoblauch, Ingwer und Schalotte im heißen Öl schwenken, das Hähnchenfleisch darin anbraten, die gewürfelten Gemüse nacheinander zufügen. Auf starkem Feuer unter Rühren braten, dabei mit Sesamöl, Salz, Zucker und Pfeffer würzen.

5.
Reiswein, Brühe, Soja- und Austernsauce zufügen, alles noch einmal durcheinanderwirbeln und auf einer Platte anrichten.

6.
Zusammen mit geputzten und gewaschenen Kopfsalatblättern zu Tisch bringen, wo sich jeder Gast daraus kleine Päckchen packt: stets einen Löffel Hähnchenfleisch in ein Salatblatt häufen, mit Chilisauce und Essig nach Geschmack beträufeln, zusammenwickeln und mit der Hand genußvoll in den Mund schieben.

Nudelsuppe mit Schweinenieren

Für vier Personen:
1 Schweineniere, 1 EL Sesamöl, 100 g Spinatblätter, 200 g chinesische Weizennudeln (ersatzweise feine Suppennudeln), Salz, 2 EL Öl, 1 TL gehackte Ingwerwurzel, Pfeffer, 4 EL Sherry, 1 EL Sojasauce, 1/2 TL Zucker, 3/4 l Hühnerbrühe

1.
Die Niere zwei Stunden wässern, dann längs halbieren, die weißen Innenstränge herausschneiden. Die Hälften an der Außenseite kreuzweise mit dicht nebeneinanderliegenden, parallelen Schnitten einritzen (wie auch die Tintenfische auf Seite 22), dann quer in halbzentimeterschmale Scheibchen schneiden. Mit einem halben Teelöffel Sesamöl beträufelt marinieren.

2.
Spinatblätter verlesen, gründlich waschen, Stiele abknipsen.

3.
Die Nudeln in Salzwasser gar kochen, abgießen und auf vier Suppenschalen verteilen.

4.
Öl und restliches Sesamöl im Wok rauchend heiß werden lassen, Ingwer und Nierenscheiben zufügen, auf stärkster Hitze eine halbe Minute pfannenrühren. Salzen, pfeffern, Sherry, Sojasauce und Zucker zufügen.

5.
Die Spinatblätter untermischen und zusammenfallen lassen. Diese Mischung auf die Nudeln verteilen, mit kochendheißer Brühe auffüllen und unverzüglich servieren.

Frische auf chinesische Art: Die Hühner für den Suppentopf werden lebend auf dem Markt angeboten

Dim Sum –
Vorspeisen und Gaumenfreuden

Samstags gegen elf Uhr drängen sich im engen Garten der *City Hall* von Hongkong dreißig Brautpaare mit ihren Familien und versuchen sich so zum Gruppenfoto zusammenzufinden, daß keine andere Gruppe im Wege ist – ein schwieriges, zeitraubendes Unterfangen, das Geduld verlangt, zumal sich jede Menge Passanten rücksichtslos durchdrängeln. Wir auch, denn Freunde haben uns gewarnt, wir sollten rechtzeitig eintreffen, wenn wir in der Stadthalle essen wollen, das lohne sich. Im Gebäude ebenfalls hektisches Gedrängel und Geschrei – wir wähnen uns in der großen Pause auf einem viel zu kleinen Schulhof. Wildes Geschiebe, schließlich eine Tür, wo man uns einen Zettel mit einer Zahl in die Hand drückt. Wir warten, stören den Besucherstrom, sehen, daß die anderen Leute mit den Zetteln wieder weggehen. Fragen, chinesisches Kauderwelsch, Ratlosigkeit, Schulterzucken. Endlich einer, der Englisch kann: Wir sollen in einer Stunde wiederkommen, unseren Anmeldungszettel zeigen und könnten dann rein...

Um zwölf Uhr dasselbe also noch einmal. Nach fünf Minuten heftigen Drängelns gelangen wir zum Zerberus an der Tür. Blick auf unseren Zettel, dramatisch gespieltes Entsetzen: Nein, wir sind noch lang nicht dran, erst in einer Stunde (dazu eine vage Handbewegung). Sollen wir woanders essen – nein, wir sind jetzt zu neugierig: Es duftet zu köstlich, und der Lärm scheint zugenommen zu haben. Wir gehen nochmals Brautpaare gucken, photographieren unter großem Hallo mit den bestellten Photographen um die Wette.

Ein Uhr: Geschiebe und Gestoße, größeres Entsetzen! Man gibt uns mit wilden Gesten eine neue Nummer. Wir begreifen, daß wir jetzt zu spät sind! Ärgern, wissen wir, nützt in China nichts – man muß sein Gesicht wahren. Also setzen wir uns freundlich, aber sichtbar traurig einfach auf neben dem Eingang aufgestellte

Eine Auswahl von Dim Sums, das sind kleine Leckerbissen (»Seelenstreichler« bedeuten die chinesischen Zeichen), die man als Imbiß zum Tee oder Mittagssnack schätzt. Es gibt sie süß und salzig, gedämpft, fritiert, gebacken

Tee: Im Sommer liebt man eher grünen Tee, mit oder ohne Jasminblüten, im Winter schätzt man mehr die dunklen und fermentierten, also die herzhafteren, kräftigeren Sorten

Stühle. Nein, dürfen wir nicht. Nur für Leute, die demnächst aufgerufen werden. Was nun? Es riecht so verlockend, wir blicken sehnsuchtsvoll in die Richtung, aus der Duft und Lärm kommen. Getuschel – wir finden Erbarmen! Ein Mädel nickt uns fast verlegen lächelnd zu, und wir folgen ihr...

In riesigen Sälen ein irres Getriebe: Es speisen, nein: schnabulieren, schmausen, schlürfen, nagen, schmatzen, rufen und lachen Hunderte von Menschen... Zwischen den Tischen hindurch schieben Mädchen und Frauen chromblitzende Wagen mit Stapeln von dampfenden Bambuskörbchen, Türmen von großen und kleinen, flachen und tiefen Tellern mit Hauben, andere mit riesigen Suppenkesseln, hier welche mit gekühlten, dort mit beheizten Glasvitrinen: Überall winken die Gäste ihnen zu, lassen sich zeigen, was angeboten wird, und wählen lautstark aus – die *City Hall* ist ein Dim-Sum-Paradies. Dim Sum (*Dímßám* gesprochen) sind jene für die kantonesische Küche typischen kleinen Köstlichkeiten, die nur als Frühstücks- oder Mittagsimbiß serviert werden und die man vornehmlich in speziellen Restaurants ißt, weil ihre Herstellung oft außergewöhnliche handwerkliche Fertigkeiten verlangt oder viel Zeit in Anspruch nimmt.

Dim-Sum-Restaurants gibt es in Hongkong viele. Berühmt ist das wunderschöne, alte *Luk Yu Tea House*. Die gepflegtesten Dim Sum bekommt man im *Shang Palace*, dem Restaurant des *Shangri-La-Hotels*, vor allem aber im *Celestial Court* des *Sheraton Hotels*, was um so eindrucksvoller ist, weil die Qualität nicht gelitten hat, obwohl das als Geheimtip bekannte, einst populäre, laute, enge und dennoch immer überfüllte Etablissement zu einem eleganten Restaurant umgestaltet wurde, in dem es jetzt natürlich gesitteter zugeht.

Die *City Hall* hingegen ist bekannt für ein gutes Preis-Leistungs-Verhältnis und eine enorme Auswahl: Niemand vertilgt aber die etwa achtzigerlei möglichen Köstlichkeiten für sich allein, sondern stets wird für die ganze Tafelrunde bestellt. Ständig kreisen Schüsseln und Teller, man streckt sich mit seinen Stäbchen über den ganzen Tisch, um aus diesem oder jenem Schälchen etwas zu holen.

Seit dem frühen Morgen geht es so zu. Weil man hier nicht nur gut, sondern auch billig ißt, sind die Wartezeiten lang. Aber gegen zwei Uhr läßt der Andrang nach, man bekommt schnell seinen Platz. Allerdings werden manche Bambuskörbchen nicht mehr aufgefüllt, die besten Dim Sums gibt's nicht mehr. Und die abgegessenen Tische sind die reinsten Schlachtfelder...

Die Bestellung ist einfach – man läßt sich die Deckel lüften und deutet auf das, was man haben will. Die Abrechnung auch – auf Zettelchen werden spezielle Stempel gedrückt und später in die Endsumme umgerechnet. Reden braucht man glücklicherweise nicht, höchstens die Frau an der Kasse versteht ein bißchen Englisch. Der Tee wird ohne Aufforderung auf den Tisch gestellt. Will man Nachschub, dreht man den Kannendeckel um – der Ober tauscht die leere Kanne

Typisch für die Kantonküche: Knusprige Enten, gebeiztes Schweinefleisch vom Grill und im hellen Sud gekochte Hühner hängen im Schaufenster – in Scheiben geschnitten, auf gekochtem Reis serviert, sind sie eine köstliche, schnelle Mahlzeit

umgehend in eine volle um oder gießt neues Wasser auf, wie es üblich ist.
In Deutschland gibt es erst seit kurzem in einigen Chinarestaurants Dim Sum. Aber leider werden die begehrtesten und am schwierigsten selbst herzustellenden *Har Kau*, krabbengefüllte Reismehltäschchen, mittlerweile industriell vorgefertigt und tiefgekühlt, auch *Siu Mai* und *Wantan*. Wirklich gut sind sie jedoch nur frisch! Manche Dim Sum aber sind einfach zu machen – und immer ein hübscher Imbiß oder eine Vorspeise oder, wie in China üblich, wenn man gleich eine Auswahl davon serviert, eine volle, aber leichte und besonders elegante, den Magen nicht belastende Mahlzeit. Die Häppchen und Täschchen lassen sich vorbereiten, so daß man sie nur noch im Bambuskörbchen garen muß, sobald die Gäste da sind. Statt der chinesischen Dämpfkörbchen (siehe auch Seite 13), die so hübsch sind, daß man sie auch auf den Tisch stellen kann, läßt natürlich auch jedes normale Dämpfsieb verwenden.

DIE VERSCHIEDENEN HÜLLEN ZUM FÜLLEN

Frühlingsrollenhüllen: (links) dünne Teigblätter, aus Weizenmehl und Wasser, die vakuumverpackt oder tiefgekühlt erhältlich sind.

Reispapierblätter (rechts) gibt's rund oder quadratisch in verschiedenen Größen, zu finden im Fernostregal vom Supermarkt oder im Chinaladen: transparente dünne Blätter aus Reismehl; man muß sie, mit Wasser besprüht, erst einmal einweichen lassen, bis sie biegsam sind. Man kann damit Eingewickeltes roh essen, auch Päckchen oder Röllchen formen und fritieren oder dämpfen.

Getrocknete Bohnenquarkhüllen: die gelbliche dünne Haut entsteht ganz genauso wie die Haut auf heißer Kuhmilch einfach, indem man Sojabohnenmilch erhitzt und einige Zeit stehenläßt. Diese Haut wird abgehoben, getrocknet und zum flachen Päckchen zusammengefaltet in Asienläden verkauft. Sie sind zerbrechlich wie die Reisblätter auch, halten sich aber nicht so lange wie diese, sondern können ranzig werden. Vor dem Verarbeiten müssen sie mit Wasser besprüht und eingeweicht werden. Sie bringen, anders als die Teig- oder Reishüllen, einen Eigengeschmack mit, der gut zu Gemüse aller Art paßt. In Bohnenquarkhüllen Eingepacktes wird gedämpft, geschmort oder fritiert.

Markt-Stilleben: Verschiedene Kohlsorten, vom Senf- bis zum Chinakohl, Salatköpfe und Spinatpflanzen mitsamt Wurzeln

FÜRS AROMA: TROCKENPILZE

Getrocknete Würzzutaten spielen in der chinesischen Küche eine große Rolle. Es sind hauptsächlich Pilze, die durch das Trocknen ein Vielfaches ihres Aromas gewinnen. Hier eine Auswahl der wichtigsten Sorten:

Tongku-Pilze (*lentinus edodes*), auch chinesische Champignons genannt, bei uns als japanische **Shiitake** manchmal frisch zu kaufen. Getrocknet sind sie viel typischer. Sie halten sich ewig, müssen vor der Verwendung mit kochendem Wasser überbrüht werden und eine halbe Stunde weichen. Den festen Stiel schneidet man heraus, er ist ungenießbar. Die Hüte werden je nach Rezept in Streifen, Würfel oder Viertel geschnitten. Je dickfleischiger und heller die Hüte, desto besser die Qualität. Top sind sie, wenn sie ein schönes, helles Craquelé zeichnet.

Chinesische Morcheln oder **Mu Err** *(auricularia polytrica),* auch **Wolkenohr**- oder Baumpilze genannt. Sehr geschätzte und häufig verwendete Pilze, ihrer angenehm knorpseligen Konsistenz wegen, die die Chinesen lieben. Außerdem sollen sie blutreinigend wirken. Sie vergrößern ihr Volumen nach dem Einweichen um ein Fünffaches, man braucht also jeweils nur ein bis zwei Eßlöffel in getrocknetem Zustand. Harte Wurzelstellen schneidet man nach dem Einweichen heraus. Ansonsten verwendet man die Pilze ganz oder in Stücke geschnitten in Gemüsegerichten, Suppen oder Füllungen für Teigtäschchen. Es gibt zwei Sorten: die zarteren, schwarzen Wolkenohrpilze und jene, deren Unterseite silbrig glänzt – sie sind fester in der Struktur, oft sogar ein wenig zäh.

Weiße Morcheln *(tremella fuciformis)* sehen aus wie zarte, hellgelbe, duftige Badeschwämmchen. Eng verwandt mit den schwarzen Baumpilzen, sind sie indes seltener und teurer. Deshalb werden sie hübsch in Geschenkschachteln aus Cellophan verkauft. In China sind sie vor allem bei Frauen begehrt, die glauben, davon einen schönen Teint zu bekommen. Auch hier ist die Konsistenz wichtiger als der eher etwas zurückhaltende Eigengeschmack.

Lilienknospen: keine Pilze, sondern tatsächlich die getrockneten Knospen einer Taglilienart. Auch »goldene Nadeln« genannt, weil sie wie dicke Stopfnadeln aussehen. Die etwa fünf Zentimeter langen, goldbraunen aufgerollten Blütenblätter werden vor Gebrauch in kochendem Wasser eingeweicht. Man liebt sie wegen ihres erdigen Dufts vor allem in vegetarischen Gerichten.

Mini-Frühlingsrollen

Ein hübsches Häppchen zum Aus-der-Hand-Essen, zum Aperitif oder zum Champagnerempfang. Die nur männerdaumengroßen Röllchen lassen sich wunderbar vorbereiten.
Sie werden kurz vorm Servieren in heißem Fett gebacken und bleiben dann eine ganze Weile ausreichend warm.

Für sechs Personen (30 Stück):
4 Tongku-Pilze, 350 g Schweinefilet,
1 TL Speisestärke, 1 Zwiebel, 2 Knoblauchzehen,
1 cm Ingwerwurzel, 1 Möhre, 2 Selleriestengel,
1 Lauchstange, 2 Frühlingszwiebeln,
75 g Bambussprossen, 3 EL neutrales Öl,
1 EL Sesamöl, Salz, 1/2 TL Zucker,
2 EL Sojasauce, 2 EL Sherry,
30 Frühlingsrollenhüllen (ca. 9 cm^2) oder
Reispapierblätter, 1 EL Eiweiß (zum Festkleben),
Öl zum Fritieren

1.
Die Pilze mit kochendem Wasser überbrühen und eine halbe Stunde einweichen.

2.
Das Fleisch in hauchfeine Scheiben, dann quer in ebenso dünne Streifen schneiden. Daß diese dabei zerfallen, ist sogar erwünscht. Die Stärke darüberpudern und gut einmassieren.

3.
Zwiebel, Knoblauch und Ingwer schälen und fein würfeln. Möhre, Selleriestengel, Lauch und Frühlingszwiebeln putzen und waschen.

4.
Die Möhre längs, Sellerie, Lauch, das Weiße der Frühlingszwiebel und den Bambus quer in feine Streifen schneiden. Das Frühlingszwiebelgrün in halbzentimeterbreite Streifen schneiden.

5.
Beide Ölsorten in die bereits heiße Pfanne gießen, zuerst Zwiebel, Knoblauch und Ingwer rasch darin schwenken. Das Hackfleisch zufügen und so lange unter Rühren braten, bis es seine rohe Farbe verloren hat.

6.
Die übrigen Gemüse in rascher Folge zufügen, schließlich mit Salz, Zucker, Sojasauce und Sherry würzen. Alles noch einmal durcheinanderwirbeln, vom Feuer ziehen und abkühlen lassen.

7.
Je einen großzügigen Eßlöffel dieser Füllung auf ein Ende der Teigblätter setzen (Reispapierblätter vorher einweichen). Aufrollen, dabei an den Seiten einschlagen, das Ende mit Eiweiß festkleben.

8.
Die Röllchen in heißem Öl schwimmend sanft golden ausbacken.
Mit Chilisauce (fertig gekauft) oder mit **Ingwerdip** servieren: Dafür 4 Knoblauchzehen, 2 cm Ingwerwurzel und 2 Frühlingszwiebeln mit 6 EL Sojasauce, 2 EL neutralem und 1 EL Sesamöl sowie 1/2 TL Zucker oder Honig im Mixer pürieren.

Die Rikschamänner vor der Star-Ferry auf Hongkong dienen nur noch als (gebührenpflichtiges) Photomotiv

Mundgerechte Leckerbissen zum Aus-der-Hand-Essen am Straßenrand: köstliche Mini-Frühlingsröllchen

Wan Tan

Gibt's in jedem Chinarestaurant, in Brühe schwimmend als Suppeneinlage oder ausgebacken. Wirklich gut sind sie jedoch nur, wenn man sich mit der Füllung ein wenig Mühe gibt.

Für vier bis sechs Personen:
3 Tongku-Pilze, 100 g Garnelen,
150 g Hähnchenbrust, je 1 TL feingehackter Knoblauch und Ingwer, 2 Frühlingszwiebeln,
1 EL Sojasauce, 1 TL Sesamöl, Salz, Pfeffer,
1/2 TL Zucker, 40 Teighüllen (fertig gekauft oder selbstgemacht, siehe TIP), 1 l kräftige Hühnerbrühe

1.
Die Pilze einweichen, fein würfeln, dabei den Stiel entfernen.

2.
Die geschälten Garnelen und das Hähnchenfleisch mit einem großen Messer von Hand (!) fein hacken – das ist wichtig, weil die Konsistenz den Geschmack beeinflußt!

3.
Hähnchenfleisch mit Pilzen, Knoblauch, Ingwer, dem feingehackten Weißen der Frühlingszwiebeln, Sojasauce, Sesamöl mischen. Mit Salz, Pfeffer und Zucker würzen.

4.
Je einen Teelöffel dieser Farce in die Mitte eines jeden Teigfleckens setzen, den Teig darum festdrücken, daß er wie ein kleiner Beutel wirkt.

5.
Die Wan Tans in kräftig gesalzenem Wasser zwei bis vier Minuten sanft garziehen lassen.

6.
In Hühnerbrühe servieren, dabei großzügig mit dem in feine Ringe geschnittenen Frühlingszwiebelgrün bestreuen.

TIP

Am einfachsten werden die Teigblätter mit einer Nudelmaschine hergestellt: Nudelteig aus ca. 200 g Mehl, zwei Eiern und Salz zwischen den glatten Walzen der Nudelmaschine zu einem hauchdünnen Teigband auswellen und in Quadrate von 8 cm Kantenlänge schneiden. Die Teigblätter auf beiden Seiten gut mit Mehl einreiben, damit sie nicht zusammenkleben. Und immer mit einem feuchten Tuch bedecken, damit sie nicht austrocknen. Man kann sie wunderbar einfrieren und so vorrätig haben.

Je dünner der Teig für die Wan-Tan-Täschchen, desto besser – man muß die Füllung durchschimmern sehen

Gedämpfte Ingwerbällchen

Für vier Personen:
400 g absolut sehnenfreies, mageres Rindfleisch (z. B. Hüfte oder Rose), 1/2 TL Salz,
1/2 TL Backpulver, 2 EL Speisestärke,
1 EL Zucker, 4 EL eiskaltes Wasser,
75 g grüner (das ist ungeräucherter, frischer) Speck,
je 1 gehäufter EL feingehackter Ingwer und Knoblauch,
1 TL Sesamöl, 1–2 EL Sojasauce, Pfeffer,
2 Frühlingszwiebeln, Koriandergrün,
Chinakohlblätter zum Auslegen der Dämpfkörbchen

1.
Das gut gekühlte Fleisch in Würfel schneiden, mit Salz, Backpulver, Stärke, Zucker, Wasser und Speck im Mixer oder Zerhacker fein pürieren.

2.
Ingwer, Knoblauch, Sesamöl, Sojasauce, Pfeffer, das Weiße der Frühlingszwiebeln und einige Korianderblätter zufügen. Erneut mixen, bis sich alles innig verbunden hat.

3.
Mit nassen Händen walnuß- bis tischtennisballgroße Bällchen formen. Einen Teller, ein Dämpfsieb oder einen Dämpfeinsatz mit Kohlblättern auslegen, die Ingwerbällchen daraufbetten und über Wasserdampf 10 Minuten garen.

4.
Die Bällchen mit dem restlichen Koriandergrün und dem feingeschnittenen Frühlingszwiebelgrün bestreut servieren.

Gefüllte Paprikaschiffchen

Für vier bis sechs Personen:
400 g ausgelöstes, rohes Garnelenfleisch,
100 g Bambussprossen, 75 g grüner Speck,
1/2 TL Salz, 1 TL Zucker, 1/2 TL Speisestärke,
1 TL Sesamöl, Pfeffer, 3 Paprikaschoten (nach Belieben je 1 grüne, gelbe und rote – das sieht hübsch aus),
3–4 EL neutrales Öl,
je 1 TL gehackter Ingwer, Knoblauch, Chili,
2 Frühlingszwiebeln

1.
Die ausgelösten Garnelen, wenn nötig, entdarmen. Mit Bambussprossen und Speck im Mixer oder Zerhacker so zerkleinern, daß noch winzige Stücke erkennbar sind. Dabei Salz, Zucker, Stärke, Sesamöl und Pfeffer mitmixen.

2.
Die Paprikaschoten halbieren und entkernen. Jede Hälfte in drei bis vier Stücke schneiden. Jeweils einen Löffel Garnelenfarce auf ein Paprikaschiffchen setzen und gut festdrücken.

3.
In einer großen Pfanne das Öl erhitzen, die Paprikahäppchen darin, zunächst Füllung nach unten, dann auch auf der anderen Seite, insgesamt zwei bis drei Minuten braten. Auf einer Platte warmstellen.

4.
Ingwer, Knoblauch, Chili und Frühlingszwiebeln im restlichen Bratfett rasch anbraten und über den gefüllten Paprikahäppchen verteilen.

TIP

Gut schmeckt die Farce auch in Tongku-Pilzhüten. Die Pilze werden dafür eingeweicht und in einer Mischung aus konzentrierter, kräftig mit Sojasauce und Sesamöl gewürzten Hühnerbrühe zehn Minuten geschmort. Mit Garnelenfarce gefüllt werden sie schließlich wie oben beschrieben gebraten oder auch gedämpft.

Paprikaschiffchen wie diese kann man bereits fix und fertig gefüllt auf dem Markt kaufen – zu Hause braucht man sie dann lediglich noch garzuschmoren

Suppe im Teigmantel

Klingt verrückt und ist es auch: Die Brühe befindet sich *im* Teigtäschchen, nicht etwa umgekehrt. Ein simpler Trick macht's möglich.

Für vier Personen:
1/4 l konzentrierte Hühnerbrühe,
4 EL winzigfein gewürfelte Möhren, Selleriestengel und Frühlingszwiebeln, 1/2 TL feingehackter Ingwer,
je ein Spritzer Sherry, Sojasauce,
8 Wan-Tan-Hüllen (siehe Rezept Seite 30),
Eiweiß und
Sesamöl zum Einpinseln,
Frühlingszwiebelgrün zum Garnieren

1.
Am Vortag die Brühe mit Gemüsewürfeln, Ingwer, Sherry und Sojasauce einige Minuten köcheln. In Eiswürfelschalen abkühlen und schließlich im Gefrierfach fest werden lassen.

2.
Und jetzt rasch arbeiten, die Brühe-Würfel dürfen nicht antauen. Je einen Brühe-Würfel auf einen Teigflecken setzen. Die freie Teigfläche mit Eiweiß einpinseln. Den Teig oberhalb des Würfels zusammenfassen und gut zudrücken.

3.
Je ein Teigtäschchen in ein mit Sesamöl ausgepinseltes Suppenschälchen setzen, mit etwas Brühe beträufeln und mit einigen Frühlingszwiebelringen bestreuen. Zugedeckt über Wasserdampf etwa acht bis zehn Minuten garen.

TIP

Die Eiswürfel dürfen nicht zu groß sein, schließlich sollte man die Teigtäschchen auf einmal in den Mund nehmen können, um die Sensation zu spüren.

Vegetarische Genüsse mit Soja, Tofu, fermentierten Bohnen

Haben Sie schon gegessen?« fragte uns der hagere, in ein orangefarbenes Gewand gehüllte Mönch. Wir dankten mit einer Verneigung. Natürlich verstehen wir kein Chinesisch, aber wir wußten, was er gesagt hatte: So lautet die chinesische Begrüßung – und macht deutlich, daß das Essen im Leben der Chinesen die wichtigste Rolle spielt. Nicht ohne Grund behaupten die Chinesen: »Wir essen alles, was Beine hat und mit dem Rücken zum Himmel zeigt – außer den Tisch.«

Anders die buddhistischen Mönche, bei denen wir zu Besuch sind, auf Lantau, einer kleinen Insel der Kronkolonie Hongkong. Sie verzichten ganz auf Fleisch und Fisch und haben die Gemüseküche zu höchster Vollendung gebracht. Verwendet werden auch Eier und, als wichtigster Eiweißlieferant, Tofu, auf deutsch auch Bohnenquark oder Bohnenkäse genannt.

Das bescheidene Kloster liegt inmitten einer wuchernden Landschaft, die früher, als die heute verwilderten Teesträucher noch gepflegt und geerntet wurden, einen hohen Reiz besessen haben muß. Der Weg dorthin ist staubig, die Sonne sticht, und wir denken, daß es sehr gut wird schmecken müssen, um uns mit dieser Strapaze zu versöhnen. Neben dem Kloster ein verwunschenes Kräutergärtchen, in der Eingangshalle der weltweit dringliche Touristenwünsche befriedigende Cola-Automat – gerne nehmen wir das Glas Wasser entgegen, das uns der Mönch zur Begrüßung reicht.

Der Kwun Yum Tempel auf der Insel Lantau ist dem Sommerpalast in Peking nachgebildet

Wir setzen uns auf winzige Stühlchen an einfache Tische, es gibt Tee und ausgebackene Kleinigkeiten, dann – gegen wahrhaft geringes Entgelt – ein mehrgängiges Menü, das man uns auf simplen, blau geringelten Blechtellern serviert.
Es ist verblüffend, mit welch einfachen Mitteln die unterschiedlichsten Effekte erzielt werden! Vor allem beherrschen die Mönche virtuos das in der chinesischen Küche so wichtige Komponieren von verschiedenen Konsistenzen der Zutaten: Die Gegensätze zwischen weich (zum Beispiel Auberginen) und knackig (grüne Bohnen, Möhren), zart (gestocktes Ei, Pfannkuchen) und fest (Erdnüsse, Mandeln), saftig (geschmorte Gurke, Zwiebel) und knusprig (fritierte Teighülle), geschmeidig (Tofu) und knorpselig (chinesische Morcheln), sanft (Kürbis) und kräftig (Knoblauch, Chili) setzen die raffiniertesten Akzente. Da vergessen wir Schweiß und Staub und lassen uns vom Gebimmel der Glöckchen im lauen Wind des dahinflimmernden Nachmittags in satte Zufriedenheit fallen.
Gemüse, frisch und milchsauer vergoren (die vielen Kohlsorten, Gurken, Rüben und Salate werden wie unser Sauerkraut eingelegt), fermentiert und getrocknet, spielen natürlich die Hauptrolle in der vegetarischen Küche. Kräuter, Pilze und Gewürze werden verschwenderisch eingesetzt. Dabei kommt den vielen

DAS ESSEN MIT STÄBCHEN

Es ist eigentlich gar nicht schwer: Das eine Stäbchen fest in die Daumenkehle legen und gegen die Ringfingerspitze drücken. Dieses Stäbchen bleibt immer unbewegt. Das andere nun wie einen Bleistift zwischen Daumen einerseits und Zeige- und Mittelfinger andererseits fassen, auf gleiche Länge ausrichten: Seine Spitze läßt sich jetzt locker und präzise zugleich auf das andere setzen und bewegen. Wichtig ist jetzt, daß man die Stäbchen nicht weit vorne anfaßt, sondern jenseits ihrer Mitte, denn um so größer ist ihr Spielraum.

Wer mit Stäbchen ißt, braucht auch ein Schälchen. Aus der tiefen Höhlung läßt sich nämlich leichter aufnehmen als vom flachen Teller. Und beim Essen merkt man, warum Stäbchen nötig sind: Man kann so immer nur kleine Mengen zum Mund führen, greift mal diese Zutat, mal jene, mal vielleicht zwei Dinge gleichzeitig – das Nacheinander und zeitlich verschobene Nebeneinander der verschiedenen Zutaten im Mund macht erst das richtige Erleben der geschmacklichen Vielfalt des chinesischen Essens aus! Natürlich darf der Reis, damit er überhaupt mit Stäbchen gegessen werden kann, nicht körnig sein, sondern muß ein wenig aneinander kleben.
Die Chinesen essen ihren Reis meist pur, ohne Sauce, schaufeln ihn sich aus der an den Mund geführten Schale mit den Stäbchen in den Mund – übrigens oft erst am Ende der Mahlzeit, vor der Suppe, die immer den Abschluß bildet.
Wir ziehen ihn jedoch anders vor: Wir geben eine Portion Reis in das Schälchen, darauf einige Bissen mitsamt der Sauce und würzen vielleicht sogar noch zusätzlich mit Soja- oder Chilisauce nach, die immer auf dem Tisch bereitstehen sollten.

TOFU – FLEISCH FÜR VEGETARIER

Kaum ein Lebensmittel ist so bekömmlich, nahrhaft, reich an Eiweiß, Mineralien und Spurenelementen, kurz – so vollwertig wie Tofu. Die weiße, puddingartige Masse aus gemahlenen Sojabohnen haben die Chinesen erfunden.
Und die buddhistischen Mönche Chinas, denen ja Fleischgenuß versagt war, haben die schönsten Rezeptideen rund um Tofu entwickelt. Tofu liefert alles, was der Mensch so braucht. Die Rohköstler und Alternativen haben das längst auch hierzulande entdeckt. Deshalb kann man den quarkähnlichen Stoff auch bei uns überall kaufen. In Asien- oder Körnerläden frisch, in Supermärkten vakuumverpackt und im Kühlschrank monatelang haltbar.
Tofu schmeckt stets so gut wie das, was man ihm beigesellt. Oder andersherum: er schmeckt nach nichts, deshalb verlangt er kräftige Saucen und Würzen. Die schluckt er gierig, saugt sie auf und tut anschließend, als sei's sein eigener Wohlgeschmack.
Kräftige Gewürze, das sind zum Beispiel (von links im Uhrzeigersinn):

Schwarze Bohnen: eingesalzene, schwarzfermentierte Sojabohnen, die man getrocknet kauft. So halten sie sich ewig und verleihen jedem Gericht einen unvergleichlich intensiven und charakteristischen Geschmack.
Schärfe paßt gut dazu, in Form von getrockneten, zerkrümelten Chili oder als Chilisauce: Sie sollte unbedingt aus Asien stammen, aus Thailand, China, Hongkong oder Singapur – amerikanische oder europäische Chilisauce ist nie scharf genug, dafür meist zu süß.

Austernsauce: eine dickflüssige, dunkle, hocharomatische Würzsauce, die aus fermentierten Austern hergestellt wird. Man verwendet sie eßlöffelweise beim Pfannenrühren vor allem von vegetarischen Gerichten, bei denen man einen Hauch von Meeresparfüm schätzt.

Rote Bohnenpaste: das süße Püree von roten Azukibohnen; wird vor allem in Süßspeisen verwendet, als Füllung für Kuchen oder Teigtaschen.

Hoisinsauce: dicke, rotbraune, konzentrierte Würzsauce mit süßlich-sojawürzigem Geschmack aus fermentierter Sojabohnenpaste, Zucker, Knoblauch, Fünfgewürzpulver und Chili. Man nimmt sie gern zum Glasieren von Grillfleisch; sie ist *die* Dipsauce für die berühmte Pekingente, deshalb auch oft einfach Entensauce genannt.

Scharfe Bohnenpaste: eine Würzsauce aus schwarzen Bohnen mit Chili und anderen Gewürzen. Läßt sich ersetzen, indem man schwarze Bohnen in Chilisauce einweicht und zerdrückt.

Bohnensauce mit Knoblauch: intensiv würzige Sauce aus pürierten schwarzen Bohnen, die mit Knoblauch und Sternanis gewürzt sind.

Gelbe (Soja-)Bohnen sind sehr salzig, aber als Gewürz vor allem in Gemüsegerichten herrlich. Natürlich nur teelöffelweise. Wichtig in der Szechuan- und Hunanküche, aber auch in der malaysischen und Nonyaküche geschätzt. Es gibt sie in Dosen, aus denen man sie umfüllen sollte, sobald man diese geöffnet hat.

Chilisorten eine Sonderrolle zu. Man unterscheidet drei Hauptsorten, die man frisch, lieber aber noch getrocknet verwendet: Die großen, braunroten, fleischigen, acht bis zehn Zentimeter langen, mildesten (aber immer noch scharfen) Schoten, die eher eine paprikaähnliche Würze geben sollen und die sehr großzügig verwendet werden – wer mag, ißt sie mit; die winzigen, hellroten oder graugrünen, papierdünnen Vogelaugenchili, deren beißende Schärfe vorsichtig dosiert sein will – sie werden selten mitgegessen; und die in Größe, Aroma wie Schärfe in der Mitte liegenden, kleinfingerlangen Schoten, die universelle Verwendung finden. In jedem Falle werden die Schoten entkernt, weil in den Samen die meiste Schärfe sitzt, das Aroma jedoch eher im Fruchtfleisch.
Die Mönche des Klosters auf Lantau sind bekannt für ihren besonders zarten und geschmeidigen Bohnenkäse. Er kann jeden zur Verzweiflung treiben, der mit Stäbchen noch ungeübt ist! Mit nur ein bißchen zuviel Druck zerteilen sich die Würfel sanft, ist man dagegen zu vorsichtig, glitschen sie davon... Aber: Erst mit Stäbchen schmeckt Chinesisches richtig chinesisch!

Fritierte Tofu-Häppchen

Nicht nur als Vorspeise zu empfehlen, auch als Lekkerbissen zum Aperitif, weil sie sich mit Zahnstochern aufpieken und bequem aus der Hand essen lassen.

Für sechs bis acht Personen:
250 g Tofu (1 Päckchen), 100 g Hähnchenbrust,
75 g Garnelenfleisch, 1 TL Speisestärke, 1 Ei,
2 Knoblauchzehen, 1 cm Ingwer,
1 Frühlingszwiebel, Zucker, 1 TL Sojasauce,
1 TL Sesamöl
Für den Teig:
1 Ei, 1 EL Sojasauce, 100 g Mehl, Salz, Pfeffer
Außerdem:
Öl zum Fritieren, Salatblätter,
Chili- und Sojasauce

1.
Den Tofu wässern und sehr gründlich abtropfen, dabei ein Holzbrettchen auflegen, dieses mit einem Gewicht beschweren, damit er so trocken wie möglich wird.

2.
Hähnchen- und Garnelenfleisch mit Speisestärke, einem Eßlöffel Eiweiß (den Rest für später beiseite stellen), Knoblauch, Ingwer und Frühlingszwiebel im Mixer fein hacken. Dabei Zucker sowie je einen Teelöffel Sojasauce und Sesamöl untermixen.

3.
Für den Teig das von der Füllung Übriggebliebene mit einem weiteren Ei, Sojasauce und Mehl glattquirlen, salzen und pfeffern. Mit einem Schuß kalten Wassers zu einem dickflüssigen Teig rühren.

4.
Den Tofu mit einem scharfen Messer in knapp halbzentimeterschmale Scheiben schneiden. Auf die Hälfte der Scheiben die Füllung verteilen und glattstreichen. Mit einer zweiten Scheibe jeweils abdecken. Diese Sandwiches in kleine Quadrate teilen.

5.
Jedes Doppeldeckerquadrat im Teig wenden, abtropfen und in reichlich aufrauschendem Öl auf beiden Seiten golden ausbacken.

6.
Auf einer mit Salatblättern ausgelegten Platte anrichten. Dazu Chilisauce und Sojasauce zum Einstippen servieren.

Tofu mit Chili-Hack

Für vier bis sechs Personen:
500 g Tofu (2 Päckchen), 3 Frühlingszwiebeln,
3 Knoblauchzehen, 1/2 cm Ingwer,
1 EL Sesamöl, 2 EL Öl,
200 g Rinderhack, 1 EL schwarze Bohnen,
1–3 getrocknete Chilischoten,
1 TL Szechuanpfeffer, 2 EL Sojasauce,
2 EL Sherry oder Reiswein,
1–2 EL scharfe Bohnenpaste, 1/4 l Hühnerbrühe,
Salz, 1 TL Zucker

1.
Den Tofu fünf Minuten wässern, abtropfen lassen.

2.
Das Weiße der Frühlingszwiebeln in feine, das Grün in breite Ringe schneiden. Knoblauch und Ingwer hacken.

3.
Sesam- und neutrales Öl in einer tiefen Pfanne oder im Wok rauchend heiß erhitzen, das Hackfleisch darin anbraten, dabei die weißen Zwiebelringe, Knoblauch und Ingwer zufügen.

4.
Schließlich auch schwarze Bohnen, zerkrümelte Chili und grob zerstoßenen Szechuanpfeffer sowie Sojasauce, Sherry oder Reiswein, Bohnenpaste und Brühe zufügen. Zwei Minuten leise köcheln, mit Salz und Zukker würzen.

5.
Den Tofu in zweizentimetergroße Würfel schneiden und in diese Sauce legen. Jetzt nicht mehr rühren, sondern nur noch am Pfannenstiel rütteln, damit sich alles mischt und die Tofuwürfel rundum von würziger Sauce erreicht werden. Fünf Minuten leise köcheln, mit Zwiebelgrün überstreuen und servieren.

Buddha-Gemüse

Je mehr verschiedene Gemüse man hierfür verwendet, um so besser. Und zwar sollte es stets eine Mischung aus frischen und getrockneten Zutaten sein.

Für vier bis sechs Personen:
4 Tongku-Pilze, 2 EL Wolkenohrpilze,
2 EL getrocknete Lilienknospen, 50 g Glasnudeln,
250 g Tofu (1 Päckchen), Öl zum Fritieren,
2 EL Sojasauce, 1 TL Sesamöl
Außerdem:
100 g Bambussprossen, 1/2 Dose Strohpilze, je eine Handvoll Erbsenschoten, Chinakohlblätter, Lauch, Minimaiskölbchen, Bohnenkeime, 2 Knoblauchzehen, 1 cm Ingwer, 2 Frühlingszwiebeln, 4 EL Öl, 1 EL Sesamöl, 2 EL Sojasauce, 2 EL Sherry, 2 EL gelbe Bohnen (Dose), 1 EL scharfe Bohnenpaste

1.

Die getrockneten Zutaten mit Wasser überbrühen und einweichen. Tongku-Pilze in Streifen schneiden, Wolkenohrpilze und Lilienknospen unzerteilt lassen. Die Glasnudeln extra einweichen und mit einer Schere kürzen, damit man sie leichter essen kann.

2.

Tofu in zweizentimetergroße Würfel schneiden. In heißem Öl eine Minute fritieren, abtropfen, auf eine Platte breiten, mit Sojasauce und Sesamöl beträufeln.

3.

Die Gemüse putzen oder schälen und jeweils zuschneiden: Bambus in schmale Scheiben, Strohpilze und Erbsenschoten quer halbieren, Chinakohl in breite Streifen, Lauch in schmale Ringe schneiden, Maiskölbchen längs halbieren, Bohnenkeime waschen. Knoblauch und Ingwer kleinhacken. Das Weiße der Frühlingszwiebeln in feine, das Grün in breitere Ringe schneiden.

4.

Zunächst beide Ölsorten erhitzen, die eingeweichten Pilze und Lilienknospen anbraten, dabei Ingwer, Knoblauch und weiße Zwiebelringe zufügen. In rascher Folge die anderen Gemüse, auch die Glasnudeln, zufügen, dabei ständig auf starker Hitze rühren.

5.

Sojasauce, Sherry, gelbe Bohnen und mit etwas Wasser aufgelöste Bohnenpaste unterrühren. Die Tofuwürfel dazwischen verteilen. Aufkochen und alles behutsam durch Rütteln mischen, sofort servieren.

Garnelen mit zweierlei Bohnen

Nicht für strenge Vegetarier geeignet – aber besonders wohlschmeckend.

Für vier bis sechs Personen:
500 g frische (oder roh gefrorene) Garnelen,
1 TL Speisestärke, 1 Schalotte, 3 Knoblauchzehen,
2 cm Ingwer, 2 Frühlingszwiebeln,
250 g feine Prinzeßbohnen, 2–3 EL neutrales Öl,
1 EL Sesamöl, Salz, 2 getrocknete Chilischoten,
1 EL schwarze Bohnen, 2 EL Reiswein oder Sherry,
1 EL Sojasauce, 1 Tasse Hühnerbrühe, Koriandergrün

1.

Die Garnelen aus ihrer Schale lösen, längs halbieren, dabei den schwärzlichen Darm entfernen. (Es sieht übrigens hübsch aus, wenn man die Schwanzflosse noch dran läßt, die sich beim Garen rot färbt und als Farbtupfer im Essen leuchtet; natürlich kann man sie nicht mitessen.) Die Garnelenschwänze mit Stärke überpudern, gut einmassieren und marinieren.

2.

Schalotte, Knoblauch, Ingwer und das Weiße der Frühlingszwiebeln feinhacken. Das Grün in zentimeterbreite Stücke schneiden.

3.

Die Bohnen putzen. Sollten sie nicht wirklich stricknadelfein sein, längs halbieren. In fünfzentimeterlange Stücke schneiden.

4.

In einer großen Pfanne oder im Wok neutrales und Sesamöl erhitzen, die Bohnen darin anbraten. Sofort salzen, damit sie ihre leuchtende Farbe behalten. Schalotten, Ingwer, Knoblauch und Frühlingszwiebeln darüberstreuen.

5.

Die Garnelen zufügen, rasch, weiterhin auf starkem Feuer, unter Rühren braten. Jetzt mit zerkrümelten Chili und schwarzen Bohnen bestreuen.

6.

Sherry, Sojasauce und Brühe angießen. Aufkochen, alles noch einmal durcheinanderwirbeln, mit Korianderblättern und Zwiebelgrün bestreut servieren.

Indien

Nord-Indien: frisches Brot und würzige Chutneys

Es ist keineswegs die Schärfe allein«, doziert Wadhu Sakhrani, der Besitzer des *Omar Khayyam*, eines der elegantesten Restaurants in Singapur, »das Raffinement der indischen Küche gründet vielmehr auf dem virtuosen Zusammenspiel der Düfte und Aromen von Gewürzen und ihrer vielfältigsten Wirkungen.« Natürlich ist er überzeugt, daß man in seiner Heimat Kaschmir, »dem schönsten Fleck der Welt«, hoch im Norden Indiens, die beste aller Küchen Indiens pflegt. Und als arischer Herrenmensch (als der er sich stolz sieht) meint er in diesem Fall ausschließlich die Küche der Reichen, der Mogulen und Maharadschas. »Damit sie bei Kräften für ihre Gespielinnen blieben, sannen die Ärzte und Köche über immer wieder neue kraftspendende Nahrung nach«, erzählt er. Dabei kamen sie auf die absonderlichsten Ideen: Ein Esel (Symbol für kraftvolle Sexualität) wurde solange mit besten Leckerbissen gepäppelt, bis er auf dem Höhepunkt seiner Zeugungskraft war; dann setzte man sein Fleisch ebenfalls auf besonders sorgfältige Weise aufgezogenen Hühnern vor, die schließlich für den Maharadscha aufs allerfeinste zubereitet wurden...

Entscheidend wird die indische Küche durch die Regeln der Religionen bestimmt. Hindus und Sikhs dürfen beispielsweise kein Rindfleisch essen, also spielen stattdessen auf dem nordindischen Speisezettel Ziege, Lamm oder Geflügel eine große Rolle. Moslems wiederum ist Schweinefleisch verboten; Buddhisten und manche besonders strenggläubige Hindus essen überhaupt kein Fleisch, weil sie kein Leben zerstören wollen, nicht einmal die Schale eines Eis zerbrechen – sie leben deshalb vollkommen vegetarisch.

Würzmischungen und Würzpasten, sogenannte **Masalas** und **Chutneys**, sind das Herz der indischen Küche. Je nach Region des gewaltigen Subkontinents sind sie unterschiedlich zusammengesetzt und gewürzt; je nördlicher man kommt, desto milder werden die Würzmischungen. Im Norden besänftigt man die Saucen mit Joghurt; pürierte Mandeln oder Cashewnüsse geben ihnen Cremigkeit; teurer Safran färbt sie leuchtend gelb; üppige Reisgerichte, sogenannte Biryanis und Pilaws, aus dem kostbaren, schlankkörnigen Basmatireis werden mit eßbarem (aber geschmacklosem) Blattgold und Silber dekoriert. Auch Brot gehört zu den Mahlzeiten, besonders flache Fladenbrote, in der Pfanne oder im **Tandoori**-Ofen gebacken, dienen zum Aufschaufeln der einzelnen Bissen wie zum Aufwischen des letzten Saucenrests. Im Tandoori, der von unten mit Holzkohle befeuert wird, bekommen die darin gegarten Speisen einen typischen, unverwechselbaren Geschmack. (Siehe dazu auch Seite 43 und 44.)

Und **Chutneys** dürfen nicht fehlen. Je mehr Auswahl bei einer Mahlzeit, desto besser. Selbstgemacht aus Kräutern, wie Koriandergrün oder Minze, aus Zwiebeln, Ingwer oder Früchten, wie Äpfeln, Birnen, Pfirsichen, Mangos und Bananen und immer mit Essig, Zucker, Ingwer und indischen Aromen gewürzt; oder einfach fertig gekauft, wie sie in unterschiedlichsten Variationen in indisch-asiatischen Läden oder in Feinkostgeschäften angeboten werden. Übrigens passen solche Würzpasten und Chutneys auch wunderbar zum hiesigen gebratenen, gegrillten oder gekochten Fleisch.

LINSEN

Linsen spielen, wie Hülsenfrüchte überhaupt, in Indien eine wichtige Rolle, vor allem natürlich als Eiweißspender für die vielen Vegetarier. Es gibt ganz verschiedene Sorten, von kleinen hellen über die auch bei uns bekannten orangefarbenen oder roten, bis zu braunen und grünen, großen und kleinen Linsen. (Auf dem Photo von rechts nach links im Uhrzeigersinn.) Die geschälten Linsen sind im Nu gar, verkochen leicht zu Brei. Die Kochzeiten von ganzen Linsen lassen sich kaum exakt angeben – es kommt sehr darauf an, wie alt die Linsen sind. Faustregel: Je frischer, desto schneller sind sie gar. Leider sieht man ihnen dies nicht an! Mit Einweichen kann man die Garzeit von ganzen Linsen (wie auch von Erbsen, Bohnen, Kichererbsen) erheblich verkürzen, allerdings gehen dabei auch Inhaltsstoffe verloren – das Einweichwasser wird im allgemeinen nicht verwendet, denn es dient schließlich auch als eine Wäsche der oft mit Staub, Erde und Steinchen (die sich am Boden des Gefäßes sammeln) vermischten Linsen. Geschälte Linsen nicht einweichen, sondern nur in einem Sieb gründlich abspülen.

Garam Masala

Es gibt Tausende von möglichen Varianten – jede Inderin ist stolz auf ihre persönliche Mischung. Dies ist natürlich nur eine davon, die sich übrigens besonders gut für Fleisch und Gemüse eignet. In einem gut schließenden Glas dunkel aufbewahrt, bleiben die Aromen und Gewürze ein paar Wochen lang erhalten. Und so hat man immer die nötige Mischung parat. Die folgende Menge reicht für etwa zehn bis zwanzig Gerichte, je nachdem wie großzügig Sie damit umgehen.

1–3 getrocknete Chilischoten, 6 EL Koriandersamen, 3 EL Kreuzkümmelsamen, 3 TL schwarze Pfefferkörner, 2 TL Kardamomkernchen (aus ihrer grünen oder hellbeigen Samenkapsel gelöst), 1/2 Zimtstange, 1 Nelke, 1 Muskatnuß

Alle Gewürze einzeln, bis auf die Muskatnuß, in einer trockenen Pfanne rösten, bis sie duften. Dann miteinander im Mixer, Zerhacker oder Mörser pulverfein zermahlen. Die Muskatnuß auf ihrer Reibe oder aus der Mühle dazureiben.

Kokos-Chutney

Sollte jedesmal frisch zubereitet werden. Deshalb hier nur die Menge, die man für eine Mahlzeit braucht:

1 Tasse frisch geraspelte Kokosnuß, 5 Schalotten, 2 grüne, frische Chilischoten, 1 walnußgroßes Stück Ingwerwurzel, Saft einer Zitrone, Salz

Kokosraspel, geschälte Schalotten, entkernte Chili und geschälten Ingwer im Mixer zermusen, dabei den Zitronensaft zufügen. Mit Salz abschmecken.

Koriander-Chutney

Hält sich in einem gut verschließbaren Glas im Kühlschrank ein paar Tage frisch (Bild Seite 38/39):

100 g Korianderblätter, 1 Bund Frühlingszwiebeln, 2–3 große grüne, frische Chilischoten, 1 walnußgroßes Stück Ingwer, 3–4 Knoblauchzehen, 1 TL Garam Masala (siehe linkes Rezept), 1/2 TL Salz, 2 TL Zucker, Saft von 2 Zitronen

Korianderblätter und Frühlingszwiebeln putzen, Chili entkernen, Ingwer und Knoblauch schälen und zusammen mit den restlichen Zutaten im Mixer oder Mörser zu einer glatten Paste pürieren.

Lassi

Nichts wirkt erfrischender und erquickender im heißen indischen Klima oder bei uns im Sommer als dieser kühle, weiße Trank aus Joghurt. Man schätzt ihn sowohl gesüßt, wie pikant-würzig. In jedem Fall gilt Lassi seit Tausenden von Jahren in Indien als das gesündeste aller Getränke – und das sicherlich mit Recht!

Pro Person:
1 Becher Joghurt, 1 Messerspitze Salz oder 1 TL Zucker (nach Geschmack), 4 frische Minzeblätter (wenn vorhanden), 5 im Mörser fein zerstoßene Kreuzkümmelsamen, 1/4 l eiskaltes Wasser

1.
Alle Zutaten im Mixer oder mit dem Schneebesen schaumig aufschlagen.

2.
Man kann Lassi auch in größeren Portionen auf Vorrat zubereiten. Es hält sich im Kühlschrank drei bis vier Tage. Wichtig: Vor dem Servieren mit dem Quirl gründlich aufschlagen.

Raita

Eine Variante zum zuvor beschriebenen Getränk, diesmal aber als Dip zum kleinen Imbiß, zum Frühstück oder als Zwischengericht gedacht. Der kühlende Joghurt wirkt besänftigend, wenn die beißende Schärfe der Gewürze die Geschmacksnerven allzusehr in Wallung gebracht hat (auf dem Photo Seite 38/39 ganz links zu sehen).

Pro Person:
1 Becher Joghurt, Salz, 5–8 im Mörser zerstoßene Kreuzkümmelkörner, 2 EL winzigfein gewürfelte Salatgurke (natürlich geschält und entkernt)

1.
Joghurt mit Salz und Kreuzkümmel glattquirlen, die Gurkenwürfelchen untermischen.

2.
Gut gekühlt, nach Belieben sogar auf fein zerstoßenem Eis servieren.

Chapati und Puri

Brot ist in Nordindien fast wichtiger als Reis. Es wird meist in der Pfanne gebacken (Chapati), oftmals auch schwimmend in heißem Öl (Puri). Besonders köstlich geraten Chapatis im Tandoori-Ofen. In jenem aus Schamottesteinen gemauerten Ofen, der wie ein riesiger, eingemauerter Topf aussieht und den man von oben beschickt, wird der zu kleinen Pfannkuchen geformte Teig einfach an die Schamottewände geklatscht, wo innerhalb von zwei bis drei Minuten herrlich knusprige Fladenbrote daraus entstehen. Man kann auch Fisch und Fleisch im Tandoori-Ofen garen. Ganze Fische werden dafür bis auf die Mittelgräte eingeschnitten, Fleisch in Würfel oder Bratenstücke geteilt. Die Stücke werden mariniert, auf lange Spieße gesteckt, in den Ofen gestellt. (Rezept Seite 44.)

Für vier bis sechs Personen (Bild Seite 38/39):
500 g Vollkornmehl (am besten frisch gemahlen), 70 g Butterschmalz, ca. 1/4 l Wasser, 1 gestrichener EL Salz, Öl und Butterschmalz zum Backen

1.
Das Mehl auf die Arbeitsfläche häufen, in die Mitte eine Vertiefung drücken.

2.
Das Butterschmalz im heißen Wasser auflösen, Salz zufügen, nach und nach in die Mehlkuhle gießen, dabei mit dem Rührlöffel mischen, bis alles sich zu einem geschmeidigen Teig verbunden hat.

3.
Mit den Händen gründlich durchkneten, schließlich, zu einer Kugel geformt, zugedeckt eine Stunde ruhen lassen.

4.
Kleine Kugeln von etwa drei Zentimetern Durchmesser aus dem Teig formen, sie auf der bemehlten Arbeitsfläche zu zehn Zentimetern großen Kreisen ausrollen.

5.
Eine schwere Pfanne mit Öl auspinseln und erhitzen, die Teigkreise darin auf beiden Seiten backen, bis sie sich aufplustern und goldene Tupfen zeigen. Dabei immer wieder mit dem Finger auf der heißen Fläche bewegen, damit sie nicht ansetzen.

6.
Puri werden ebenfalls auf diese Weise ausgerollt, dann jedoch in heißem Butterschmalz schwimmend gebacken, bis sie duftig und aufgeplustert sind.

Samosa

Gefüllte Teigtäschchen, die in Butterschmalz oder Öl schwimmend gebacken werden. Gefüllt wird mit Fleisch, Gemüse, Kräutern – ganz nach Phantasie oder Vorräten: hierin lassen sich natürlich wunderbar Reste verstecken. Samosa schmecken als Vorspeise oder als Imbiß zum Aperitif; man kann sie vorbereiten, heiß oder kalt servieren. Weil man sie mit der Hand ißt, spart man auch noch Besteck.

Teig für 30 bis 40 Stück (je nach Größe):
300 g Mehl, 50 g Butter,
1 Messerspitze Backpulver, 3 EL Wasser, Salz,
Füllung:
2 Knoblauchzehen, 1 große Zwiebel, 1 mandelgroßes Stück Ingwer, 2 EL Öl, 300 g Hackfleisch, Salz,
2 TL Koriander,
1 TL Chilipulver, 1/2 TL gemahlener Gelbwurz, einige Koriander- und Minzestengel
Außerdem:
Öl oder Butterschmalz zum Ausbacken

1.
Aus Mehl, zerlassener Butter, Salz, Backpulver und soviel Wasser, wie nötig, einen weichen Teig kneten. Zugedeckt eine halbe Stunde ruhen lassen.

2.
Für die Füllung inzwischen Knoblauch, Zwiebel und Ingwer feinhacken und im heißen Öl andünsten, das Hackfleisch zufügen und braten, bis es krümelig geworden ist. Mit Salz, Koriander, Chili und Gelbwurz würzen.

3.
Abkühlen und erst dann feingehackten Koriander und Minze untermischen.

4.
Den Teig so dünn wie möglich ausrollen. Fünf bis sechs Zentimeter schmale Streifen abschneiden. In Abständen voneinander jeweils einen Eßlöffel Füllung auf den Teigstreifen setzen, die freie Fläche so über die Füllung schlagen, daß sie gut eingehüllt wird. Dabei den Täschchen Quadrat- oder Dreiecksform geben.

5.
In heißem Fett schwimmend ausbacken, bis sie goldbraun sind. Auf Küchenpapier sorgfältig abtropfen. Warm oder abgekühlt servieren.

Tandoori-Huhn

Im originalen, mit Holzkohle beheizten Tandoori-Ofen bekommen die Speisen natürlich einen ganz charakteristischen Geschmack. Aber noch wichtiger für das Gelingen ist für ein Tandoori-Huhn die Marinade. Mit Hilfe ihrer ausgeprägten Würzkraft läßt sich auch im normalen Haushaltsherd durchaus ein gutes Ergebnis erzielen.

Für vier bis sechs Personen (Bild Seite 38/39):
1 schönes Brathuhn (Poularde) von ca. 1500 g
Marinade:
3 Knoblauchzehen, 1 mandelgroßes Stück Ingwer,
1 EL Zitronensaft, 1/2 TL zerbröselte Chilischoten,
1/2 TL gemahlener Pfeffer, 1 Messerspitze Zimt, Salz,
3 EL Joghurt, je 2–3 Koriander- und Minzezweige,
2 TL gemahlener Kreuzkümmel,
1 zerdrückte Nelke
Außerdem:
Butter für die Form

1.
Das Huhn in acht Portionsstücke schneiden. Alle Stücke an ihrer Außenseite mit einem scharfen Messer schräg einschneiden. Durch diese Schlitze soll nachher die Marinade bis ins Innere eindringen können.

2.
Für die Marinade alle Zutaten im Mixer pürieren. Die Hühnerstücke damit rundherum kräftig einmassieren. In einer Schüssel zugedeckt über Nacht im Kühlschrank ziehen lassen.

3.
Am nächsten Tag die Stücke nebeneinander in eine ausgebutterte Form legen. Mit Alufolie zudecken und im 250 Grad heißen Ofen 50 bis 60 Minuten garen.

Linsen-Curry

Für vier bis sechs Personen (Bild Seite 38/39):
250 g rote Linsen, 1 Zwiebel, 2 Knoblauchzehen,
1 mandelgroßes Stück Ingwer, 1 EL Butterschmalz,
1 EL Garam Masala (siehe Seite 42), 1–2 zerriebene
Chilischoten, Salz

1.
Die Linsen waschen. Zwiebel, Knoblauch und Ingwer feinhacken, im heißen Butterschmalz andünsten. Garam Masala, Chilipulver und Salz zufügen und kurz mitdünsten.

2.
Linsen zufügen, mit Wasser knapp bedecken, nunmehr zugedeckt köcheln lassen, bis sie weich sind.

TIP
Wie lange die Garzeit dauert, hängt davon ab, wie alt die Linsen waren; unter Umständen sind ganz frische bereits in wenigen Minuten gar. Also immer wieder probieren, damit sie nicht zerfallen.

Kokoskuchen

Er ist sehr süß, nach Gewürzen duftend und herrlich saftig; dieser Kuchen bleibt lange frisch und paßt vorzüglich zu einem kräftigen, starken Ceylon-Tee.

Für eine Kastenform von etwa 26 cm Länge:
350 g Kokosflocken, 200 ml Wasser, 3 Eigelb, 225 g
Zucker, 150 g Speisestärke, 150 g Mehl, 1 TL Backpulver,
1 EL Rosenwasser, 1 TL gemahlener Kardamom,
je 1 EL gemahlene Nelken und Zimt,
125 g gehackte, geschälte Mandeln,
3 Eiweiß, Butter zum Ausstreichen der Form

1.
Die Kokosflocken mit kochendheißem Wasser überbrühen, einige Minuten quellen lassen, dann im Mixer zu feinem Mus pürieren.

2.
Eigelb und 200 g Zucker zu einer dicken weißen Creme schlagen, nach und nach das Kokosmus zufügen und unterrühren.

3.
Stärke und Mehl sieben, damit genügend Luft in die Masse gelangt und zusammen mit dem Backpulver, den Gewürzen und den gehackten Mandeln in die Eiercreme einarbeiten.

4.
Eiweiß steif schlagen, den restlichen Zucker zufügen und noch einmal einige Minuten schlagen, bis sich der Zucker aufgelöst hat.

5.
Den Eischnee unter die Teigmasse heben. Sofort in die mit Butter ausgestrichene Backform füllen.

6.
Bei 160 Grad etwa 80 bis 90 Minuten backen, bis der Kuchen aufgegangen und die Oberfläche goldbraun ist.

7.
Zur Garprobe ein dünnes Bambusstäbchen hineinstechen – wenn es sich überall warm anfühlt und kein Teig mehr daran haften bleibt, ist der Kuchen gar. In der Form einige Minuten auskühlen und sich setzen, erst dann auf ein Kuchengitter stürzen und endgültig abkühlen lassen.

Auf indischen Märkten ganz selbstverständlich: Das Fleisch von Kokosnüssen wird frisch gerieben

Süd-Indien: milder Reis und heiße Curries

Die Treppe war steil und eng, die schmalen Stufen führten ohne jeden Absatz in gerader, endlos scheinender Linie vom Eingang an der Straße direkt in den zweiten Stock. Dort öffnete sich der Treppenabsatz zu einem kargen Raum, der mit ein paar Tischen und Stühlen zum bescheidenen Restaurant möbliert war. Wie hübsch, dachten wir, als der dunkelhäutige Ober auf der Resopalplatte statt Tischsets sattgrüne Bananenblätter vor uns ausbreitete. Indes: Es handelte sich nicht um eine »Tischdecke«, wie wir gleich merkten sollten, sondern um unsere Teller. Zunächst allerdings bat er uns der schlanke, junge Mann mit dem karierten Tuch um die Hüften mit gestenreicher Freundlichkeit, ihm zu folgen... Zu einem Waschbecken, das in der Ecke des Raumes ohne weitere badezimmerähnliche Umgebung und ohne Sichtschutz zum Restaurant angebracht war. Mehr verwundert als einsichtig wuschen wir unsere Hände.

Zurück am Tisch fanden wir auf unserem Bananenblatt-Teller einen Berg duftenden, körnig-lockeren Reis vor. Daneben häufte der Ober soeben, aus einem Träger für mehrere Behälter schöpfend, Klackse verschiedener Gerichte und Beilagen: ein Hühnercurry, Gemüse, ein paar Chutneys, jene würzige Pasten aus Gemüse, Früchten oder Kräutern, ohne die eine indische Mahlzeit nicht denkbar wäre. Jetzt begriffen wir auch die vorhergegangene Reinigungszeremonie: Es gab kein Besteck, man aß, wie früher überall in Indien üblich, mit der Hand. Mit der rechten übrigens, die linke gilt als unrein.

Zuerst verschlug uns die Schärfe der Curries den Atem, wir mußten reichlich Reis dazwischenschieben, der das Feuer auf der Zunge linderte; aber mit zunehmender Gewöhnung lernten wir, die Intensität der Gewürze, die Vielfalt der Aromen, Düfte und Geschmäkker zu genießen.

Jenny Tami, Leiterin einer Kochschule in Madras, erklärt uns, was es mit den Gewürzen auf sich hat. Daß sie nämlich keineswegs nur Gaumen und Sinne locken und befriedigen sollen, sondern vielmehr wegen ihrer heilsamen Wirkung ganz gezielt Verwendung finden. So gehört zum Beispiel Ingwer in Linsengerichte, weil er Blähungen entgegenwirkt; Bockshornklee hilft gegen Gastritis; Kardamom, nach der Mahlzeit zerkaut, unterstützt die Verdauung, reinigt den Atem und schützt vor Sodbrennen. Manche Gewürze erzeugen innere Hitze, gelten daher als »heiß« und sollten eher während der kalten Jahreszeit bevorzugt werden, wie Macis (Muskatblüte), Zimt, Ingwer (siehe unsere Weihnachtsplätzchen!) und Lorbeer. Andere entziehen dem Körper Wärme und gelten daher als »kühl«, wie Kreuzkümmel, Fenchel, Nelke, Pfeffer, grüner Kardamom, und finden mehr in den heißen Regionen Verwendung.

Auch wenn es bei uns auf den Gewürzgläsern so steht, ist Curry kein Gewürz, sondern vielmehr der Gattungsbegriff für eine Zubereitung – es leitet sich vom Hindu-Wort für Sauce ab: kari. Die Engländer haben es ihrer Zunge entsprechend umgeformt, und ihnen ist auch die Gewürzmischung gleichen Namens zu verdanken. Sie wurde in England rasch Mode, als die nach Indien entsandten Beamten Gefallen an diesen indischen Gewürzen und Düften gefunden hatten und sie nach Hause brachten.

Nahezu alles, was man an Gewürzen für die indische Küche braucht, läßt sich auch hierzulande auftreiben. Wichtig: Diese Gewürze niemals bereits gemahlen kaufen, dann ist nämlich ihr Bestes längst verflogen! Von fertig gekauftem Currypulver sollte man die Finger lassen. Zugreifen sollte man jedoch bei den fertigen Currypasten in Gläsern, die es von indischen Firmen aus England auch hier in großer Auswahl und mit ganz unterschiedlichen Geschmacksrichtungen (probieren!) in asiatisch-indischen Geschäften zu kaufen gibt. Bereits ein Löffel davon bringt indischen Geschmack ans Essen und macht im Handumdrehen aus einem simplen Geschnetzelten ein aromatisch-würziges Currygericht.

DIE WICHTIGSTEN GEWÜRZE

Eine der wichtigsten geschmacksbestimmenden Zutaten der indischen Küche ist **Ghee** – nichts anderes als geklärte Butter, mit unserem Butterschmalz vergleichbar, das Universalkoch- und -bratfett. Die »richtigen« Gewürze auf dem Bild von links:

Weißer Pfeffer wird aus den größten, reifen Pfefferbeeren gewonnen, die man zunächst in Wasser einweicht, um ihre dunkle Schale leichter entfernen zu können. Der helle Kern wird dann in der Sonne getrocknet.

Schwarzer Pfeffer wird aus unreif geernteten Pfefferbeeren hergestellt, indem man sie zuerst fermentiert und dann so lange trocknet, bis sie hart und schwarz geworden sind.

Muskatnuß: Die ovale, hellbraune Nuß mit ihrem milden, charakteristischen Duft wächst in einer harten, dunkelbraunen Schale und ist darin umgeben von einem orangefarbenen festen Netz, der sogenannten Muskatblüte oder Macis. Beides findet reichlich Verwendung.

Koriander: Die hellbraunen, aromatischen Samen werden ebenso geschätzt wie das frische, intensiv duftende Kraut, das in Indien so verschwenderisch wie bei uns Petersilie verwendet wird (siehe Seite 133).

Kardamom kauft man als gebleichte, gelblich-beige oder grünliche Samenkapseln, in der die eigentlichen, dunkelbraun glänzenden Gewürzkörner eingeschlossen sind. In Suppen und Saucen läßt man die ganze Kapsel mitkochen, für Gewürzmischungen löst man die Körnchen heraus.

Senfsamen: Der gelbe, vor allem aber der besonders beißende, scharfe schwarze Senf ist in der südindischen Küche gefragt. Aber auch das daraus gewonnene Öl, das man für Pickles und zum Würzen braucht.

Bockshornklee: Gelbliche, fast rechteckige Samenkapseln einer einjährigen Hülsenfruchtpflanze mit intensivem, bitterem Geschmack. Man braucht sie für Gewürzmischungen und in Pickles.

Zimt: Gehört pulverfein zerstoßen in Curries, Würzmischungen und Chutneys.

Kreuzkümmel, auch **Cumin** genannt, dessen etwas größere, ansonsten sehr ähnlich aussehenden Samenkörner völlig anders schmecken als unser üblicher Kümmel und sehr wichtig für den Charakter indischer Gerichte sind.

Fenchelsamen: Gehört mit seinem anisähnlichen Duft in manche Gewürzmischungen. Darf nicht verwechselt werden mit

Nelken: Die würzigen, hocharomatischen Blütenknospen eines Baumes. Läßt man in Curries mitkochen.

Sternanis: Rötlichbraune Samensterne, in deren strahlenförmig angeordneten Kapseln stecknadelkopfgroße Samen stecken. Man benutzt die gesamte Kapsel, läßt sie in Schmorgerichten oder Saucen mitköcheln, wo sie ihren exotisch-würzigen Duft abgeben, und fischt sie vor dem Essen heraus.

Bild Seite 100:
Kurkuma, auf deutsch **Gelbwurz:** Ein Mitglied der Ingwerfamilie, wird jedoch meist nicht frisch, sondern lieber getrocknet verwendet. Das gelbfärbende Gewürz ist für die Hindus heilig.

Kokos spielt im Süden ein wichtige Rolle. Die frisch geraspelten Flocken geben den Gerichten Würze und Konsistenz. Die (nach einem Aufguß mit heißem Wasser) daraus gewonnene Sahne oder dünnere Milch nimmt man als Basisflüssigkeit für Curries, die im Süden stets viel sauciger sind als im Norden (siehe Seite 100).

Curryblätter: Die Blätter einer Pflanze, die Curries einen ganz typischen, charakteristischen Geschmack verleihen. Getrocknet sind sie allerdings nur wenig wirksam und frisch bei uns kaum zu haben.

Tamarinde: Säuerliche Schotenfrucht, die man zum Säuern von Saucen und Würzpasten braucht. Läßt sich durch Zitronensaft ersetzen.

Südindisches Gewürzpulver

Weil man es tee- oder eßlöffelweise für viele Curries und Gerichte benötigt, sollte man sich einen kleinen Vorrat davon mixen. Die Mischung hält sich in gut verschließbaren Dosen oder lichtgeschützten Gläsern einige Monate.

10 EL Koriandersamen, 2 EL schwarze Pfefferkörner,
10 TL Fenchelsamen, 10 TL Kreuzkümmelsamen,
1 Stück getrockneter Gelbwurz (ca. 3 cm lang),
10 getrocknete rote Chilischoten

1.
Die Gewürzsamen in einer trockenen Pfanne anrösten, aber auf keinen Fall anbrennen lassen. Ganz zum Schluß Chilischoten und Gelbwurz zufügen.

2.
Etwas abgekühlt im Mörser, einfacher aber im Mixer oder elektrischen Zerhacker zu Pulver zerkleinern.

Kokoswürziges Möhrengemüse

Für vier Personen:
1 kg Möhren, 1 große Zwiebel, 3 EL neutrales Öl,
2 EL Gewürzpulver, Salz, 100 g Kokosflocken,
ca. 1/4 l Wasser, Saft einer Zitrone, Koriandergrün

1.
Die Möhren schälen und in dünne Scheiben hobeln. Die Zwiebel in feine Ringe schneiden.

2.
Zwiebelringe im heißen Öl sanft anbraten, mit dem Gewürzpulver bestäuben und darin sorgfältig wenden. Die Möhren zufügen und so lange mitdünsten, bis sie von der Gewürzmischung überzogen sind. Salzen und die Kokosflocken zufügen.

3.
Mit Wasser und Zitronensaft ablöschen. Zugedeckt etwa 20 Minuten köcheln, bis die Möhren gar sind.

4.
Mit Korianderblättern bestreuen; das Möhrengemüse schmeckt übrigens auch kalt vorzüglich.

Fisch-Curry mit Okra

Eine Art Grundrezept, das sich für die unterschiedlichsten Meeresfischsorten bestens eignet: Brassen, Barsche, Heilbutt – jeweils quer zur Rückengräte in Portionsstücke geschnitten; aber auch Taschenkrebse, Langusten oder Garnelenschwänze schmecken so zubereitet ausgezeichnet. Wer sich vor Gräten fürchtet, nimmt Fischfilet, zum Beispiel Rot-(Gold-)barsch. In Indien überaus beliebt ist dieses Gericht als Fischkopf-Curry, weil Fischköpfe besonders viel geschmacksintensive Gallerte enthalten und obendrein billig sind.
Die grünen Okraschoten, auf englisch bildhaft *ladyfingers* genannt, kann man mittlerweile auch bei uns in gutsortierten Gemüseläden finden. Falls nicht: grüne Bohnen passen auch!

Für vier bis sechs Personen:
2 EL Gewürzpulver (siehe oben), 1 frische rote Chilischote, 2 grüne Chili, 1 Tomate,
1 walnußgroßes Stück Tamarinde oder 1 Zitrone,
ca. 1/4 l Wasser, 1 große Zwiebel, 3 Knoblauchzehen,
3 EL Öl oder Butterschmalz,
je 1/2 TL schwarze Senfsamen, Fenchelsamen,
Kreuzkümmelsamen und Bockshornklee,
350 g Okraschoten, Salz,
ca. 500 g Fischstücke oder 350 g Fischfilet

1.
Das Gewürzpulver zusammen mit den entkernten, grob zerkleinerten Chili, der gehäuteten, zerdrückten Tomate und dem mit Tamarinde bzw. Zitronensaft gesäuerten Wasser mischen.

2.
Die grob gehackte Zwiebel und halbierten Knoblauchzehen im heißen Öl oder Butterschmalz anbraten. Die Gewürze sowie die geputzten Okra zufügen und so lange auf kleinem Feuer sanft mitbraten, bis sie leuchtend grün und die Zwiebeln goldbraun geworden sind. Salzen.

3.
Die eingeweichte Gewürz-Chili-Mischung zufügen. Alles gute fünf Minuten kochen lassen, bevor die Fischstücke zugefügt werden, die jetzt nur noch auf sanftem Feuer weitere fünf (Filet) bis zehn Minuten (mit Gräten) leise ziehen dürfen.

Gebratene Garnelen

Für vier bis sechs Personen:
600 g Garnelenschwänze in der Schale, 2 EL Gewürzpulver, 1 Tasse Wasser, 1 EL Reiskörner, 3 EL Öl, Salz, Korianderblätter

1.
Die Garnelen gründlich waschen, wenn nötig auch die Schale mit einer Bürste reinigen.

2.
Gewürzpulver im Wasser auflösen, über die Garnelen gießen und eine Stunde marinieren.

3.
Die Reiskörner in der trockenen Pfanne rösten, im Mixer oder Zerhacker schließlich auf Grießgröße zerkleinern. Sie helfen, die Sauce anzudicken und sorgen für Biß.

4.
Die Garnelen abtropfen, im heißen Öl rundherum anbraten, schließlich mit der Marinade ablöschen. Einige Minuten köcheln, bis ein Großteil der Flüssigkeit verdampft ist.

5.
Salzen, den Reisgrieß zufügen und noch einmal aufkochen, bevor die von den Stielen gezupften Korianderblätter darübergestreut werden.

Tomatenreis

Mit gedünsteten Erbsen oder würzigen Möhren kann der Tomatenreis eine ganze vegetarische Mahlzeit sein.

Für vier bis sechs Personen:
400 g Basmatireis, 3 Knoblauchzehen, 1 Stück Ingwer (ca. 2 cm lang), 1 Zwiebel, 1 TL Sesamöl, 3 EL Butterschmalz, 200 ml Tomatensaft, 2 EL Joghurt, 4 EL Milch, 2 TL Rosenwasser, 1/2 l Wasser, Salz

1.
Den Reis in einem Sieb unter fließendem Wasser waschen, bis nur noch klares Wasser abläuft.

2.
Knoblauch, Ingwer und Zwiebel sehr fein hacken, im heißen Öl-Butterschmalz-Gemisch andünsten, aber nicht bräunen.

3.
Tomatensaft, Joghurt, Milch und Rosenwasser angießen und sofort mit Wasser auffüllen. Den Reis in den Topf streuen, aufkochen und salzen.

4.
Den Topf verschließen, den Reis nunmehr auf milder Hitze eine halbe Stunde lang ausquellen lassen.

Gebratenes Kokoshähnchen

Für vier bis sechs Personen:
1 schönes Brathähnchen von ca. 1500 g,
2 EL gemahlener Koriander, 1 EL gemahlene Chilischoten,
1 TL Gelbwurzpulver,
1/2 TL gemahlener schwarzer Pfeffer,
2 EL frisch geraspelte Kokosflocken (oder 4 EL getrocknete Kokosflocken, mit ebensoviel Wasser eingeweicht),
4 EL Öl, 4 mittelgroße Kartoffeln,
Salz, ca. 1/4 l Wasser

1.
Das Brathähnchen in acht bis zehn Portionsstücke schneiden und häuten: zunächst halbieren, dann Ober- und Unterschenkel abtrennen, am Flügelstück einen kleinen Teil der Brust lassen, nach Belieben auch das Bruststück halbieren.

2.
Die Hühnerstücke mit einer Paste aus den Gewürzen und Kokosflocken gründlich einreiben und in einer Schüssel mindestens eine halbe Stunde, ruhig auch länger, marinieren.

3.
In einem flachen, weiten Topf oder in einer tiefen Pfanne das Öl erhitzen, die Hühnerstücke darin langsam anbraten.

4.
Die geschälten, grob gewürfelten Kartoffeln zufügen und mitbraten. Sobald sie rundum angebräunt sind, salzen und das Wasser angießen.

5.
Ohne Deckel leise etwa 20 Minuten köcheln.

Lamm-Curry

Für vier bis sechs Personen:
600 g Lammschulter (ohne Knochen),
3 EL Öl, 1 Zwiebel, knapp 1/2 l Wasser
Würzpaste:
5 TL Garam Masala (siehe Seite 42), 3 EL Kokosflocken,
5 Schalotten, je 1 frische rote und grüne Chilischote,
5 Knoblauchzehen,
1 Stück Ingwer (ca. 3 cm), 1/2 Tasse Wasser

1.
Das Lammfleisch in mundgerechte Würfel schneiden.

2.
Für die Würzpaste Garam Masala, Kokosflocken, geschälte Schalotten, entkernte Chili, Knoblauchzehen und Ingwer sowie eine halbe Tasse Wasser im Mixer pürieren.

3.
Die Fleischwürfel mit dieser Würzpaste kräftig einreiben und mindestens eine Stunde – aber ruhig auch länger – zugedeckt im Kühlschrank marinieren.

4.
Das Öl in einem Topf erhitzen, zunächst die in Ringe geschnittene Zwiebel anrösten, dann schließlich die von der Würzpaste weitgehend befreiten Fleischwürfel darin anbraten.

5.
Die zurückbehaltene Würzpaste mit knapp 1/2 l Wasser glattrühren und zum Fleisch geben. Aufkochen und nunmehr zugedeckt etwa 20 bis 30 Minuten leise schmoren, bis die Sauce dicklich eingekocht ist.

Indonesien

Vielerlei Würzsaucen und die große, üppige Reistafel

Es war vor reichlich 25 Jahren, in einer einfachen, verräucherten Kneipe in Amsterdam: Krachendes Kroepoek – das in heißem Öl gebackene Krabbengebäck – knuspernd, saßen vier deutsche Freunde an einem schmalen Tisch zwischen den großen Familientafeln holländischer Indonesier. Als schon damals leidenschaftliche Liebhaber asiatischer Küche wußten sie, daß die beste Bestätigung für die Qualität eines Restaurants viele asiatische Gäste sind: Dem Kenner genügt deshalb ein kurzer Blick hinein, um zu entscheiden, ob er hier essen wird.
Vor zwanzig, dreißig Jahren gab es in Deutschland kein einziges Restaurant, das unverfälschte, original asiatische Küche anbot (höchstens für die Freunde des Hauses im Hinterzimmer; und nur wenn man die Sprache der Wirte sprach!). Offenbar waren diese sich einig, daß es für die Deutschen genügt, billige Zutaten schlampig zusammenzuhauen und in Saucenkleister zu ertränken. Wenig Fleisch, ein paar gängige Gemüse; Champignons, Bohnen- und Bambussprossen aus der Dose, keine frischen Kräuter, fast ohne und schon gar keine raffinierte Schärfe. Hunde- oder Katzenfutter würden sie anbieten, wurde immer mal wieder kolportiert... Es wurde über den Preis verkauft, nicht über den Genuß.
Freilich: Wo hätten die guten Köche und anspruchsvolle, weil kenntnisreiche Kunden denn herkommen sollen? Deutschland verfügte schließlich lange schon nicht mehr über Kolonien im Fernen Osten. Anders als in England, wo Chinesen und Inder erstklassige Restaurants für ihre Landsleute betrieben; in Frankreich, wo man seit langem allenthalben vietnamesisch essen konnte; in Holland, wo an jeder zweiten Straßenecke indonesische Reistafeln aufgetischt wurden!
Hierhin reisten damals die neugierigen Genießer vom nahen Niederrhein und aus dem Ruhrgebiet, und auf einmal schienen dann zwischen schlitzäugigen Malaien und Molukken lauter Jürgen von Mangers und Else Stratmanns zu sitzen! Für viele der erste genießerische Kontakt mit tropisch-exotischer Küche, für manche ein Schlüsselerlebnis. Wie für uns in unserer altholländischen Kneipe! Alsbald bekamen wir eine herrlich scharfe Gemüsesuppe vorgesetzt, danach Fleischspießchen mit Erdnußsauce. Schmale Ober flitzten pausenlos durch den Raum, schafften Bier und Tee heran, brachten ganze Kavalkaden von Würzsaucen und Schüsselchen mit saurem und salzigem Gemüse.
Wir schauten in die Küche, wo eine dralle Indonesierin mit straff zurückgeknotetem Haar eine Schar junger Mädchen scheuchte und mit ihnen die köstlichsten Sambals bereitete: Erst gebratene und dann geschmorte Gerichte, geschmacklich ungeheuer dicht, würzig und scharf – verschiedene Gemüse, Krabben, Fisch, Geflügel, Fleisch und Nüsse... In kleinen Schüsseln, auf Platten aufgetragen zum eigentlichen Hauptgericht, dem weißen, etwas klebrigen, aber ungeheuer duftigen, leckeren Reis – die klassische Rijstafel.
Aber was heißt schon klassisch? Die Holländer erst haben die Reistafel als Schlemmerei entwickelt aus der alltäglichen Mahlzeit der Indonesier – viel Reis mit wenig geschmacksgebenden Ragouts und Saucen. Reistafel, ein Konzentrat indonesischer Küchentraditionen, zusammengefaßt in einem üppigen Mahl.

Wir beendeten unsere Tafelei mit gebratenen Bananen, kamen uns vor wie im Breughelschen Schlaraffenland und waren auf ewig für die Wonnen der asiatischen Küche entflammt! Was wir dann später auf Java und Bali in Hotels und auf der Straße von den *Warung* genannten Verkaufswagen (siehe Seite 54) für jegliche Mahlzeiten bekamen, erreichte nie wieder die Intensität dieses ersten Geschmackserlebnisses, wenn es vielleicht auch bodenständiger zubereitet worden war. Aber, so fanden wir, die indonesische Küche ist gar nicht so variantenreich, wie es uns damals schien...

Typisch für die indonesische Küche sind, ganz klar, eine Fülle von Gewürzen. Nicht umsonst eroberten die Holländer Java und seine Archipele, die Gewürzinseln unserer Welt! Indem sie sich das Monopol für Pfeffer, Muskatnuß und Nelken erkämpften, beherrschten die »Pfeffersäcke« genannten Reeder Hollands den damals größten Gewinn bringenden Handelszweig – ganze Schiffsladungen von Gewürzen wurden mit Gold aufgewogen! Vom heutigen Indonesien aus wurden die verschiedensten Pflanzen und Samen erst im Laufe der Jahrzehnte und Jahrhunderte auch in andere Gegenden verbreitet, einige sogar unter Todesgefahr herausgeschmuggelt.

Nicht wegzudenken sind aus der Küche die sogenannten schwarzen Gewürze, nämlich Pfeffer, Nelken, Kardamom (es gibt schwarze, helle und grüne Arten) und Piment, aber nicht weniger wichtig weißer Pfeffer, Muskatnuß und Macisblüte, Zimt, Koriander, Fenchel, Bockshornklee und der intensive Kreuzkümmel, der so überhaupt keine Ähnlichkeit mit dem normalen Kümmel hat. Es wächst hier weiterhin Zuckerrohr, es gedeihen Ingwer, Galgant und Chili. Kein Wunder, daß alles in verschwenderischer Fülle Verwendung findet. Alles Gewürze, die inzwischen auch bei uns Einzug gehalten haben und – wenn vielleicht nicht sämtliche in jedem Supermarkt – so doch in allen Asienshops aufzutreiben sind.

Reis muß stets weiß, körnig, jedoch ganz leicht klebrig sein. Deshalb ist vorbehandelter *parboiled* Reis dafür nicht geeignet. Zumal mit den Fingern (der rechten Hand!) gegessen wird, was nur schicklich gelingt, wenn der Reis aneinanderhaftet. Man läßt ihn ausquellen: Zwei Tassen gründlich gewaschener Reis mit drei Tassen Wasser aufkochen, dann zugedeckt auf kleinstem Feuer ziehen lassen, bis er alle Flüssigkeit aufgesogen hat.

Nasi goreng und *Bami goreng* sind sicher die berühmtesten Gerichte der indonesischen Küche. Es handelt sich dabei eigentlich um nichts anderes als eine Art Resteverwertung: *Nasi* ist Reis, der mit verschiedenen Zutaten gebraten und mit verquirltem Ei und frischen Kräutern aufgewertet wird; *Bami* ist das Wort für Nudel, es handelt sich also um gebratene Nudeln mit allerlei bunten Zutaten.

SAMBALS UND SAUCEN

Zur Reistafel serviert man möglichst so viele Gerichte, wie Gäste am Tisch sitzen, sowie jede Menge unterschiedlicher Würzsambals:

Sambals sind Würzpasten oder Saucen. Einige kann man bei uns sogar in Supermärkten kaufen, von gar nicht schlechter Qualität. Viele in Asienshops. Zum Beispiel (von links unten) Sambal badjak, Sambal trassi, Sambal Nasi goreng, Sambal manis, Garnelenpaste und Sambal oelek, allesamt würzige, scharfe Pasten, die man zum Nachwürzen bei Tisch oder beim Kochen verwendet. Sambal nennt man jedoch auch das ganze Gericht, das mit einer solchen Würzpaste zubereitet und gewürzt wurde.

Zitronengras: Mit seinem typischen, frischen Zitrusduft auch in indonesiens Küche allgegenwärtig.

Sojasauce ist hier meist gesüßt und erheblich dicker in der Konsistenz als chinesische und heißt Kecap. Auch sie ist nahezu überall bei uns problemlos zu bekommen. Ob es sich um süße oder salzige Sauce handelt, ist meist am Flaschenhals vermerkt. Die gesüßte nimmt man zum Nachwürzen bei Tisch, mit der salzigen Sojasauce kocht man eher.

Macadamianuß – auch Kerzennuß genannt, weil sie so viel Öl enthält, daß sie brennt – wird nicht nur pur gegessen, sondern püriert und zum Binden und Andicken von Sambals und Curries benutzt.
Läßt sich notfalls durch Erd- oder Cashewnüsse ersetzen. Man kann bei uns Macadamianüsse meist geröstet kaufen, in Dosen verpackt, weil sie so besser frisch bleiben. Sie schmecken unwiderstehlich zum Drink an der Bar. Leider sind sie unglaublich kalorienreich.

Palmzucker – aus dem Saft einer bestimmten Palmenart übernommen, dient als Gewürz. Kann man jederzeit durch braunen Rohrzukker ersetzen.

Kroepoek oder **Krupuk** (Photo unten), das sogenannte Krabbenbrot, kann man aus kleinen Krabbenchips (auf dem linken Teller) selber zu Hause herstellen: Sie werden einfach in heißem Öl schwimmend gebacken, wo sie sich innerhalb von Sekunden um ein Vielfaches vergrößern (Teller rechts). Dabei ist die Öltemperatur wichtig: ist sie zu hoch, verbrennt das Krabbenblättchen, noch bevor es sich aufplustern konnte; ist sie zu niedrig, saugt es sich voll Öl.
Man ißt die Kräcker als Knabberzeug vorweg oder statt Brot sozusagen zu den verschiedenen Speisen.

Gebratene, marinierte Hühnerschenkel

Für vier bis sechs Personen:
4–6 Hähnchenschenkel, je 1 EL feingehackter Ingwer und Knoblauch, 2 EL Sojasauce, je 1/2 TL Salz, Pfeffer, Zucker, gemahlener Koriander, Kreuzkümmel und Gelbwurz, 3 EL Zitronensaft, 3 EL Öl zum Braten, 3–4 Frühlingszwiebeln

1.
Hähnchenschenkel im Gelenk teilen, jedes Stück noch quer durchschneiden.

2.
Alle Gewürze und Zitronensaft verrühren. Hähnchenstücke damit einreiben und einen Tag marinieren lassen.

3.
Das Öl im Wok erhitzen, die Hähnchenstücke darin langsam 15 bis 20 Minuten rundum braten. Falls sie ansetzen, mit einem Schuß Wasser loskochen. Zum Schluß die gehackten Frühlingszwiebeln zufügen.

Geschnetzeltes Rindfleisch mit Tomaten

Für vier bis sechs Personen:
500 g Rinderlende, 1 Zwiebel, 4 Knoblauchzehen, 1 walnußgroßes Stück Ingwer, 1 TL grob geschroteter schwarzer Pfeffer, 1 EL brauner Zucker, 3 EL dunkle (salzige) Sojasauce, 3 EL Öl, 1 TL Sesamöl, 2 große Fleischtomaten

1.
Das Fleisch völlig entsehnen, quer in dünne Scheiben schneiden.

2.
Für die Würzpaste Zwiebel, Knoblauch, Ingwer, Pfeffer, Zucker und Sojasauce im Mixer pürieren. Die Fleischscheiben damit einreiben und im Kühlschrank einen Tag marinieren.

3.
Beide Ölsorten im Wok erhitzen. Das Fleisch darin rasch auf scharfem Feuer anbraten. Dann die Hitze reduzieren, die gehäuteten, entkernten und gewürfelten Tomaten zufügen und köcheln, bis sie schmelzen.

Garnelen-Sambal mit Kokossauce

Für vier bis sechs Personen:
500 g rohe Garnelen mit Schale und Kopf, 1 Zwiebel, 2 frische Chilischoten, 3 Knoblauchzehen, 2 EL Öl, 1 TL Sambal oelek, 1 TL gehackter Ingwer, 1/4 l Kokossahne, Salz, Pfeffer, 1/2 TL Zucker, Koriander

1.
Die Garnelen schälen, ihre Schalen und Köpfe mit etwa einem halben Liter Wasser bedecken und eine halbe Stunde auskochen.

2.
Inzwischen die Garnelenschwänze putzen und entdarmen. Zwiebel, Chili und Knoblauch feinhacken.

3.
Im Wok oder einem Topf das Öl erhitzen, die Zwiebel zunächst darin anbraten, bevor Knoblauch, Chili, Sambal und Ingwer zugefügt werden. Mit Kokossahne und Garnelensud auffüllen. Im offenen Topf köcheln, bis die Sauce schön dicklich ist.

4.
Die Garnelen darin einige Minuten ziehen lassen. Mit Salz, Pfeffer und Zucker abschmecken und mit Koriandergrün oder Petersilie bestreuen.

Liebevoll und zum besseren Transport auf den Markt akkurat in die Schultertrage geschichtet: frisch gekochte Erdnüsse, die – was man nicht sehen kann – noch an ihren Stielen zu großen Büscheln miteinander verbunden sind

Blumenkohl-Sambal

Für vier bis sechs Personen:
1 mittelgroßer Blumenkohlkopf, 2 EL Öl,
je 1 TL gehackter Ingwer und Knoblauch, 1 Zwiebel,
1 EL Sambal trassi oder oelek,
2 EL süße Sojasauce, 2 Frühlingszwiebeln

1.
Den Blumenkohl waschen und in kleine Röschen schneiden.

2.
Im Wok das Öl erhitzen, die Blumenkohlröschen darin unter Rühren anbraten. Erst wenn alle mit Öl benetzt sind, Ingwer und Knoblauch sowie die feingehackte Zwiebel zufügen.

3.
Drei Minuten pfannenrühren, schließlich das Sambal und die Sojasauce zufügen. Einen Schuß Wasser angießen, damit Dampf entsteht, in dem der Blumenkohl nun endgültig weitere fünf Minuten gart, diesmal zugedeckt.

4.
Die feingeschnittenen Frühlingszwiebeln erst ganz zum Schluß unterrühren.

Indonesische Pickles

Für vier bis sechs Personen:
4 rote Chilischoten, 4 Macadamianüsse, 20 Schalotten,
1 TL Gelbwurzpulver, 1 Gärtnergurke, 1 Möhre,
2 TL Salz, 8 grüne Chilischoten,
10 Knoblauchzehen, 1 Stück Ingwer (3 cm lang),
2 TL Salz, 4 EL Öl, 2 EL Zucker, 2 EL Essig

1.
Rote Chili entkernen, mit den Nüssen, zehn geschälten Schalotten und dem Gelbwurzpulver im Mixer pürieren. Gurke und Möhre schälen, längs in halbzentimeter starke Stifte schneiden, auf jeweils drei Zentimeter kürzen.

2.
Die restlichen Schalotten schälen, mit den entkernten grünen Chilis und den geschälten Knoblauchzehen sowie dem in feine Streifen geschnittenen Ingwer mit einem Löffel Salz durchkneten, eine halbe Stunde ziehen lassen und schließlich unter kaltem Wasser abspülen.

3.
Das Öl erhitzen, das Würzpüree darin anrösten, Salz, Zucker und Essig zufügen und zu einer dicken Sauce einkochen. Erst jetzt das eingesalzene, abgespülte Gemüse zufügen und etwa fünf Minuten darin köcheln lassen. Abgekühlt zur Reistafel servieren.
Die Pickles halten sich im Kühlschrank einige Tage.

Lammcurry mit konzentrierter Sauce

Für vier bis sechs Personen:
800 g Lammschulter, 2 Zwiebeln,
3 Knoblauchzehen, 1 walnußgroßes Stück Ingwer,
2 frische Chilischoten, ca. 1/4 l Kokossahne
Gewürzmischung:
1 kleinfingerlanges Stück Zimt, 1 EL Koriandersamen,
1 TL Kreuzkümmel, 2 Nelken, 1 TL schwarzer Pfeffer
Außerdem:
3 EL Öl, Saft einer Zitrone, Koriandergrün

1.
Das Fleisch in gulaschgroße, also etwa drei bis vier Zentimeter große Würfel schneiden. Eine der Zwiebeln mit Knoblauch, Ingwer, entkernten Chili und einem Schuß Kokossahne im Mixer zu einer dickflüssigen Paste zerkleinern.

2.
Die Fleischwürfel mit dieser Marinade gründlich mischen und zugedeckt einige Stunden im Kühlschrank ziehen lassen.

3.
Die Gewürze in einer trockenen Pfanne anrösten, bis sie duften, dann im Mörser oder Zerhacker pulverisieren.

4.
Das Öl in einem Wok oder Topf erhitzen. Die zweite Zwiebel feingehackt darin anrösten. Die Fleischwürfel zufügen und anschmoren. Sobald das Fleisch seine Farbe gewechselt hat, die restliche Marinade, Kokossahne, Zitronensaft und die Gewürzmischung unterrühren.

5.
Sanft etwa 20 Minuten schmoren, bis fast alle Flüssigkeit verdampft ist und die Sauce schön dick um die Fleischwürfel liegt. Mit Koriandergrün bestreuen.

Japan

北秋田

Japanisch essen – gesund und à la mode

Den ganzen Vormittag über hatten wir uns berauscht in den Lebensmittelabteilungen der Kaufhäuser an Tokios elegantester Einkaufsstraße, der *Ginza*: Nirgendwo auf der Welt wird Essen schöner, appetitlicher, kostbarer präsentiert als hier! Da liegen die mit dicken Fettadern durchzogenen Scheiben von Kobe-Beef, wie Elfenbein mit einer zarten Marmorierung von Fleisch – von der besten Qualität kosten 100 Gramm 100 Mark! Stapel von duftenden Pilzen und Früchten, die schönsten zierlich in kleine Holzschachteln oder Spankörbchen gepackt. Hunderterlei eingelegte Gemüse, hier offen in großen Holzfässern, dort eingeschweißt in Folie. In der Fischabteilung Muscheln, Garnelen, der frischeste Fisch, in allen Farben des Regenbogens schillernd; in kräftigen Farben leuchten Lachs und Thunfisch, sorgfältig filetiert, ohne jegliche Gräten und Sehnen. Tees, Konfekt und Gebäck – wahre Verpackungsorgien mit Papier, Folien, Schachteln, Bändern und Schleifen...

Aber jetzt haben wir Hunger, gehen in eine Nebenstraße – und scheinen ins nächste kulinarische Paradies zu fallen! Ein Restaurant neben dem anderen, in den Fenstern oder auf der Straße aufgebaut die »Speisekarte«: appetitliche, wie echt wirkende Nachbildungen der Gerichte aus Plastik. Jedes Schnittlauchröllchen, jedes Kaviarkügelchen, jede Gurkenscheibe und jedes Glied des Garnelenschwanzes ist naturgetreu modelliert und gefärbt. Wir suchen uns das Restaurant mit

Links: Eine Handvoll Matsutakepilze – für die kostbare Delikatesse im Holzkästchen muß man stolze 185 Mark bezahlen.
Unten: Der Fujiyama im Abendlicht. Der malerische Gipfel schneebedeckt, wie von Puderzucker bestäubt

der schönsten, leckersten, vielfältigsten Dekoration – und deuten dem Ober mit dem Finger, was wir zu speisen gedenken. Ein witziges Vergnügen – das Essen indes ist von eher mäßiger Qualität, auch längst nicht so schön wie die Plastikgerichte. Abends sagt uns unser japanischer Freund, wir hätten einen (wie er uns tröstet: verzeihlichen) Fehler gemacht: Die besten Restaurants werben nicht mit großem Aufwand, man sieht sie im Vorbeigehen kaum!
Hier in Europa ist das anders – die japanischen Schriftzeichen auf dem Ladenschild, vor allem aber die geradlinige Schlichtheit der Ausstattung macht sie immer häufiger augenfällig. Die Japaner erobern sich einen neuen Markt: Nach Kameras, Fernsehern, Videogeräten und Autos exportieren sie jetzt ihre Restaurants und Lebensmittel!
Es begann vor ein paar Jahren mit der *Sojasauce*, die inzwischen ihren festen Platz in unserem kulinarischen Bewußtsein hat. In japanischen Spezialgeschäften, die man längst in fast allen Großstädten findet, entdeckt man heute hunderterlei Spezialitäten!
Und immer mehr Restaurants, vor allem in den Wirtschaftszentren. *Sushi,* Reishäppchen mit rohem Fisch,

Idylle: ein Bambusbänkchen unterm Japanschirm

Sashimi, kunstvoll schlicht und akkurat geschnittener roher Fisch, *Teppan,* jene im Tisch oder Tresen eingelassene Edelstahl- oder Steinplatte, auf der vor den Augen der darumsitzenden Gäste alle möglichen Speisen gegart werden, und *Tempura,* in hauchzartem Teig fritierte Gemüse, und andere Speisen haben längst bei uns ihre leidenschaftlichen Fans gefunden.
Die japanische Küche gilt als die gesündeste der Welt – denn die Zusammensetzung und die Auswahl der Speisen entspricht weitgehend den Idealvorstellungen der Ernährungswissenschaftler: hochwertiges, leicht verdauliches Eiweiß (viel Fisch und Sojaprodukte), möglichst viele ein- und mehrfach ungesättigte Fettsäuren (Fisch und Pflanzenöle), wenig tierisches Fett (Fleisch ist seltene Kost), wenig ernährungsphysiologisch »hohler« Zucker, genügend Ballaststoffe und wertvolle Kohlenhydrate (Reis), ausreichend Vitamine (unter anderem durch gesalzene und milchsauer vergorene Gemüse, die viel Vitamin C enthalten – wie unser Sauerkraut), Mineralien und Spurenelemente (die Algen und Seetang reichlich liefern, auch der Reis mit seinem entwässernden Kalium), viel Obst und als Getränk hauptsächlich ungesüßten Tee. Nicht umsonst erreicht das japanische Volk das höchste Durchschnittsalter der Welt!
Wer einmal in Japan war, und sei es nur ein paar Tage, wer dann nur auf die althergebrachte, klassische Weise japanisch gegessen hat – also auch seine Frühstücksgewohnheiten vergessen, kalorienreiches Bier und Cola verachtet und auf Fast Food und Eiscremes verzichtet hat – der weiß, wie gut das tut: Man kann den ganzen Tag speisen, hat niemals Hunger, fühlt sich dank wunderbarer Verdauung nie schwer und kehrt um einige Pfunde erleichtert nach Hause zurück...
Übrigens: Kaum daß Japan überzogen wird von Fast-Food-Ketten, die Kinder sich Cornflakes und Cola reinhauen, die Erwachsenen Whisky, Bier und Wein entdecken, Hamburger mit Ketchup, Fritten und Eis die lukullischen Wunschlisten anführen, machen sich die Folgen dieser Ernährung bemerkbar: Die Lebenserwartung geht zurück und unsere westlichen »Zivilisations«-Krankheiten (Herz-Kreislauf-Beschwerden, Krebs, Rheuma) nehmen zu. Der Westen hat es da besser, kann in die andere Richtung gehen und den Segen der japanischen Küche entdecken. Triumph der Appetizer: beliebt sind Pickles, eingelegt, eingesalzen oder eingemacht. Gegen den ärgsten Hunger wird dem Gast in einem japanischen Restaurant gleich ein Schälchen davon hingestellt: eingelegte oder in Salz gereifte Gemüse, herrlich knackig, würzig und frisch. Siehe Photo Seite 60/61 in der Mitte. Manche brauchen Monate zum Reifen, andere sind schon nach ein paar Stunden ein Genuß; allerdings bleiben sie dann auch nicht länger als etwa eine Woche im Kühlschrank frisch. Sie selbst zu machen ist gar nicht schwierig:

Bunte Gemüsestreifen

1 großer, weißer Rettich, 1 Kohlrabi, 2 mittelstarke Möhren, 3 gehäufte EL Salz, 3 EL Zucker, 6 EL Reis- oder Apfelessig, 1 Stück Zitronenschale, 2 cm Ingwerwurzel

1.
Rettich, Kohlrabi und Möhren mit dem Sparschäler dünn schälen. Auf dem Gemüsehobel in streichholzfeine Streifen schneiden.

2.
Das Salz gleichmäßig darüber verteilen und gründlich einmassieren. Eine Stunde ziehen lassen. Danach gut ausspülen und ausdrücken.

3.
Zucker und Essig aufkochen. Die in haarfeine Streifchen geschnittene Zitronenschale und den winzig gewürfelten Ingwer zufügen. Den Sud über die Gemüsestreifen träufeln. Gründlich mischen, damit alles davon erreicht wird. Zwei bis drei Stunden bei Zimmertemperatur oder über Nacht im Kühlschrank marinieren lassen, bevor serviert wird. Zum Beispiel als Häppchen zum Glas Sake (Reiswein), als Vorspeisensalat oder als Beilage. Das Gemüse paßt zu kalten Gerichten, wie Sashimi ebensogut wie zu gegrilltem Fisch oder Fleisch.

4.
Die eingelegten bunten Gemüsestreifen halten sich übrigens im Kühlschrank in einem verschlossenen Schraubglas etwa vier bis fünf Tage.

DER JAPANISCHE SUPPENFOND

Dashi: Was für uns die Fleischbrühe, ist für die japanische Küche *dashi*, die Grund- und Basisbrühe, die man für alles und jedes gebrauchen kann. Sie ist blitzschnell hergestellt: 1 streichholzschachtelgroßes Stück *Kombu* und 2 EL *Bonitoflocken* werden mit 1/4 l kochendem Wasser aufgebrüht. Fertig ist der klare, frisch nach Meer duftende Sud (Photo oben).

Bonitoflocken: Das sind hauchdünn geschabte rosa Flocken von geräuchertem, luftgetrocknetem Thunfisch.

Kombu: Getrockneter Seetang von olivgrüner Farbe, der unter anderem auch für den *Sushi-Reis* nötig ist und ihm einen Hauch von Meeresduft verleiht.

ALGEN ALS HÜLLE UND ALS SALAT

Algen finden in der japanischen Küche in verschiedensten Formen Verwendung, zum Beispiel (auf dem Photo oben rechts im Uhrzeigersinn):

Nori: Papierdünne Blätter aus einer bestimmten Seetangart. Sie sind dunkel, schwarzgrünlich oder haben einen rötlichen Schimmer (links oben). Es gibt sie eckig und rund. Sie dienen als eßbare Hülle für bestimmte Sushi, auch in Streifen geschnitten oder in Stücke gerissen als Gewürz zum Reis. Vor Gebrauch müssen die raschel-trockenen Blätter geröstet werden, damit sie ihr Aroma entfalten: entweder über einer (Gas-)Flamme oder in einer trocken erhitzten Pfanne.

Hijiki: Braunschwarze Seetang-Röllchen, die nur noch mit kochendem Wasser überbrüht einige Minuten eingeweicht werden und dann ein kleines Häppchen zum Tee oder Aperitif abgeben. Man stippt sie vor dem Essen in Sojasauce.

Wakame: Algen, die im getrockneten Zustand wie chinesische Wolkenohrpilze aussehen, nach dem Einweichen in kaltem Wasser sich noch mehr vergrößern als diese und leuchtend grün aussehen. Schmecken mit Essig oder Zitronensaft und Sojasauce angemacht wunderbar als erfrischender Salat.

Süßsaure Zucchini

ca. 500 g junge, schlanke Zucchini, 2 EL Salz, 2 Knoblauchzehen, 2 cm Ingwerwurzel, 1 EL Zucker, 2 EL Reisessig, 1 TL rote Chilipaste (Sambal oelek), 1 EL Sesamöl, 2 El Sojasauce

1.
Die Zucchini putzen; sollten sie dicker als zwei cm im Durchmesser sein, längs halbieren. Außerdem quer in Stücke von etwa zwei cm Länge schneiden. Mit dem Salz in einer Schüssel mischen und eine Stunde marinieren.

2.
Durch die Presse gedrückten Knoblauch, feingehackten Ingwer, Zucker, Essig, Chilipaste, Sesamöl und Sojasauce aufkochen.

3.
Abkühlen lassen und über die gründlich abgespülten, abgetropften Zucchinistücke gießen. Gut mischen und mindestens eine Stunde, besser über Nacht im Kühlschrank, durchziehen lassen.

Kohlröllchen

Sie sehen hübsch aus, schmecken pur sowie als Beilage, und man kann sie immer im Vorrat halten. In ihrer Lake bleiben sie eine gute Woche lang frisch.

1 Chinakohlkopf (ca. 500 g), 5 Tassen Reis- oder Apfelessig, 2 EL Salz, 4–5 EL Zucker, etwas Limonenschale

1.
Den Kohlkopf in Blätter zerlegen und in eine Schüssel schichten.

2.
Essig, Salz, Zucker und Limonenschale aufkochen, noch heiß über die Kohlblätter gießen.

3.
Die Blätter mit einem Stück Klarsichtfolie bedecken und mit einem Gewicht beschweren. Zwei Tage im Kühlschrank durchziehen lassen.

4.
Zum Servieren die Blätter einzeln der Flüssigkeit entnehmen, gut abtropfen und jeweils eng zu einem Röllchen aufwickeln.

Gurkenröllchen

Eine Vorspeise oder ein Aperitifhäppchen, das man eher frisch zubereiten und gleich verspeisen sollte, damit die Hülle aus Nori-Algenblättern schön krisp bleibt.

Für acht Stück:
2 kleine Salatgurken, 100 g gekochter Schinken, 1 TL Wasabi (siehe Seite 71), 2 Nori-Blätter, Sojasauce

1.
Die Gurken schälen – wer keine wirklich kleinen, nämlich etwa handspannenlangen Salatgurken bekommen hat, muß sie halbieren und mit einem Löffel alle Kerne herausschaben.

2.
Gurken längs zuerst in dünne Scheiben, dann längs in feine Streifen schneiden. Jede Gurke einmal quer halbieren.

3.
Den Schinken ebenfalls in feinste Streifen schneiden. Auf die vier Gurkenstreifenportionen verteilen.

4.
Wasabi mit einigen Tropfen heißem Wasser zu einer dicken Paste rühren. Zugedeckt zehn Minuten ausquellen lassen, damit sich sein Aroma entwickelt.

5.
Die Nori-Blätter in der trockenen Pfanne oder über einer Flamme rösten, dann längs halbieren. In die Mitte jedes Blattes quer ein Gurken-Schinken-Päckchen betten und mit einer Spur Wasabi würzen. Das Nori-Blatt aufrollen, dabei ausreichend fest wickeln, damit die Gurkenstreifen Halt haben.

6.
Die mit Gurke gefüllten Nori-Blätter einmal quer halbieren und auf einer Platte anrichten.

7.
Dazu einen Dip reichen, der aus dem restlichen Wasabi mit Sojasauce verquirlt wird. In den stippt man sein Gurkenröllchen, bevor man es zum Mund führt – am besten übrigens mit der Hand!

Rindfleisch-Röllchen

Für sechs Personen:
6 halbzentimeterdünne Scheiben Rinderlende (Roastbeef),
200 g stricknadeldünne grüne Bohnen, Salz
100 g Zucchini, 1 Lauchstange,
3 EL Sake, 6 EL Mirin, 6 EL Sojasauce, 3 EL Öl

1.
Die Rinderlende muß sorgfältig von Haut und Sehnen gesäubert sein, bevor sie der Metzger auf seiner Aufschnittmaschine in exakte, dünne Scheiben schneidet. Sollte er dazu nicht bereit sein, ist es besser, das Fleisch am Stück zu kaufen und selbst aufzuschneiden. (Man tut sich dabei übrigens leichter, wenn man das Fleisch zuvor etwas anfriert.)

2.
Die Scheiben mit der glatten Seite des Fleischklopfers oder mit der Klinge eines großen Messers vorsichtig flach streichen, bis sie etwa doppelte Größe erreicht haben.

3.
Bohnen putzen, in stark gesalzenem Wasser zwei Minuten blanchieren; längs in Streifen gehobelte Zucchini und den in schmale Ringe geschnittenen Lauch für die letzten 20 Sekunden zufügen. Abgießen, abschrecken und abtropfen.

4.
Die Gemüsestreifen jeweils in die Mitte jeder Fleischscheibe verteilen. Diese zuerst an den Seiten so einklappen, daß die Gemüse verdeckt sind, dann alles zu einer Rolle wickeln.

5.
Aus Sake, Mirin und Sojasauce eine Marinade rühren und über die Fleischrollen gießen. Zugedeckt etwa eine Stunde ziehen lassen.

6.
Die Röllchen im heißen Öl rundum anbraten, dabei immer wieder mit der Marinde einpinseln. So lange braten, bis die Röllchen dick von der sirupartigen Marinade überzogen sind.

7.
Entweder sofort und noch heiß als Hauptgericht essen. Oder abkühlen lassen, schräg in zweizentimeterdünne Scheiben schneiden und als Aperitifhäppchen servieren.

Samt-Gelee mit Garnelen

Eine unwiderstehliche Sache: Zart und cremig wie ein Eierstich, aber unendlich würzig und verführerisch duftend. Eine Vorspeise, die man vorbereiten kann.

Für vier Personen (Bild Seite 60/61):
1/4 l Dashi (siehe Kasten Seite 65), 4 EL Sojasauce,
2 EL Mirin, 1 EL Sake, 4 Eier, einige Korianderblätter
(statt dessen glatte Petersilie oder Spinat),
150 g kleine, rohe Garnelen, Salz, 1 Prise Zucker

1.
Dashi, Sojasauce, Mirin, Sake und Eier miteinander verquirlen.

2.
In vier Tassen oder Förmchen (z. B. Souffléförmchen) die in Streifen geschnittenen Koriander- oder Spinatblätter sowie die Garnelen verteilen, mit Salz und Zucker würzen.

3.
Die verquirlten Eier darüber verteilen. Die Förmchen mit Klarsichtfolie abdecken und nebeneinander in einen Topf stellen, der so hoch mit heißem Wasser gefüllt ist, daß die Eiermasse gerade eben davon umgeben ist.

4.
Das Wasserbad zugedeckt leise sieden, auf keinen Fall sprudelnd kochen lassen, weil sonst der Eierstich häßliche Bläschen bekommt. 20 bis 25 Minuten stocken lassen.

TIP
In die Förmchen auch ein paar eingeweichte, in Streifen geschnittene Shiitake-Pilze (Tongku) geben. Das Samtgelee schmeckt übrigens nicht nur warm, sondern ist auch kalt ein Genuß.

Sushi und Sashimi: Gaumenfest für Fischfans

Fisch ist in Japan Volksnahrungsmittel, erst seit rund hundert Jahren ißt man überhaupt Fleisch. Daß Japan als Insel von reichen Fischgründen umgeben ist, war zwar Voraussetzung dafür, nicht aber der Grund: Dies lag vielmehr am Buddhismus, der, mehr als ein Jahrtausend Staatsreligion, das Töten von Säugetieren verbot.
Die typische Konzentration des Buddhismus auf das Wesentliche wird auch in der Küche deutlich. Als absoluter Höhepunkt gilt *Sashimi*, Fisch in seiner reinsten Form: Nämlich die besten Teile vom Filet roh und ungewürzt, in Scheiben oder Streifen geschnitten, gestippt in Sojasauce, die mit etwas *Wasabi* geschärft wurde, dem beißenden, grünen japanischen Meerrettich, der ungeübten Essern das Wasser in die Augen treibt. Wichtig dabei ist die Sorgfalt beim Einkauf und höchste Akkuratesse beim Filieren und Schneiden des Fischs. *Sushi* – das sind Fischhäppchen à la carte; daumendicke Häppchen aus gesäuertem Reis, belegt mit Stücken vom rohen Fisch, von Muscheln oder anderen Meeresfrüchten. Sushi-Bars machen längst auch hierzulande Furore. Vor ein paar Jahren noch als exotisches, eher abartiges Vergnügen betrachtet, gibt es inzwischen eine erkleckliche Zahl von Liebhabern dieser zarten, erfrischenden Köstlichkeit, die man sich genüßlich auf der Zunge zergehen läßt. Sushi ist die ideale Mahlzeit zwischendurch, leichte Kost zum Sattessen, von Managern geschätzt als belebende, unbelastendsättigende Atzung während langer Konferenzen, sozusagen die japanische Form des Sandwichs.
Die Auswahl der Häppchen hängt vom Fischlieferanten ab. Als die besten Stücke gelten zum Beispiel der fetteste Teil des Thunfisches, aus dem zwischen elfenbein- und lachsrosa gefärbten Bauchlappen geschnitten und *toro* genannt; er schmeckt sehr viel kräftiger und schmilzt zarter auf der Zunge als das eigentlich schöner anzuschauende, magere, intensivrote Filetstück, das *maguro* heißt. Seltener werden bei uns *agakai* oder andere Muscheln angeboten. Ebenso der zart gelblich schimmernde *hamachi* (englisch *yellowtail*, eine hellfleischige Thunfischart), der wirklich fett sein muß, damit er anspruchsvollen Stammgästen empfohlen werden kann. Als eher seltener Luxus gilt auch *uni*, Seeigelrogen, der je nach Saison nicht immer frisch vorhanden sein kann. *Amaebi*, kleine Süßwassergarnelen, müssen wirklich taufrisch sein, weil man auch sie roh ißt, im Gegensatz zu *ebi*, den Meeresgarnelen, die gebrüht werden, bevor man sie auf ihren Reissockel bettet. Praktischerweise werden die verschiedenen Sushi-Klassiker immer auf der Karte als Photo abgebildet, so daß man sich die komplizierten Namen nicht merken muß, sondern einfach darauf deuten kann.
Zu Sushi trinkt man grünen Tee, Bier oder Sake, also japanischen Reiswein. Im Winter heiß aus Tonschälchen, im Sommer eiskalt aus dem Bambus- oder Holzkästchen. Die Häppchen werden je nach Anspruch des Lokals auf eindrucksvollen, zum Teil kostbaren japanischen Geschirren bildschön arrangiert oder einfach auf schlichten Bambusbrettchen serviert. Dazu bekommt jeder Gast ein Schälchen für die Sauce, die er mit soviel Wasabi schärft, wie ihm bekömmlich ist. Rosafarbener *shoga gari* (eingelegter Ingwer) paßt hierzu nicht nur aus optischen Gründen, sondern hilft dank seiner aseptischen Wirkung, die rohen Fische zu verdauen.
Am beliebtesten ist stets der Platz am Bartresen, hinter dem der Sushi-Meister seine fulminanten Fähigkeiten zeigt: Makellose Schnitt-Technik, Sauberkeit und vor allem ein nimmermüdes Streben nach absoluter Frische und Qualität! Mindestens sieben Jahre, so heißt es, hat einer zu lernen, bis er sich Sushi-Meister nennen und mit seinen langschneidigen, rasierklingenscharfen Messern die teuersten und feinsten Fische mit geradezu rituellen Schnitten zerlegen darf.
Vor dem begehrtesten Sushi-Tresen Tokios, direkt am unvergleichlichen Fischmarkt gelegen, stehen die Kenner schon morgens um sieben Schlange, um zu schauen, was vom Meister für würdig befunden wurde, heute verwendet zu werden: Da zucken die Muscheln

noch, Seeigelrogen, *uni*, wird eben aus der stachligen Schale gekratzt, und die Makrelen schimmern noch türkis... War jedoch Sturm und die Brassen auf dem Markt sind vom Vortag, biegt sich der Hering nicht noch steif und rotkiemig, wurde kein frischer Thunfisch angelandet (der ist so selten geworden, daß fast nur noch gefrorener aus aller Herren Länder, sogar aus Spanien und Italien, auf den Tokioter Markt kommt), so muß man eben etwas anderes essen. Sushi und Sashimi, Meergeschmack pur – beides ist perfekt serviert eine Delikatesse! Der kenntnisreiche Gast am Tresen zeigt Geduld, wartet und schaut gerne zu, wie der Meister mit großem Messer und sicheren, wie Rituale wirkenden Bewegungen die Stücke zuschneidet. Und er verkürzt sich die Wartezeit vielleicht mit einem kleinen Salat aus Algen, eingesalzenen oder eingelegten Gemüsen (Rezepte auf den Seiten 65 und 66), einer wärmenden Misosuppe oder anderen Kleinigkeiten. Bis ihm endlich der Sushi-Meister mit lautem Zuruf das bildschön arrangierte Sushibrett über den Tresen reicht.

Der Fischmarkt von Tokio ist mit seiner Vielfalt überwältigend. Hier makellos schöne Oktopusse . . .

. . . dort in ihrer Kiste akkurat ausgerichtete Wellhornschnecken, die man ebenfalls gerne roh verspeist, . . .

. . . und taufrische Garnelen, die auf einem Sushireissockel auch in rohem Zustand eine gute Figur machen. Garnelen vom Vortag übergießt der Sushi-Meister lieber mit kochendem Wasser, um etwaige Düfte zu entfernen

DIE WICHTIGSTEN ZUTATEN

Für Sushi braucht man **Rundkornreis**, der im übrigen in Japan stets dem Langkornreis, wie man ihn sonst in Asien schätzt, vorgezogen wird. Italienischen Risottoreis kann man übrigens ebenfalls nehmen. Lesen Sie dazu auch die Warenkunde auf Seite 120.

Miso: Eine Würzpaste aus fermentierten Sojabohnen. Gibt es von elfenbeinhell (weißes Miso – auf dem Tellerchen links unten), dunkelgelb (gelbes Miso) über rostrot (rotes Miso) bis fast schwarz (Gerstenmiso auf demselben Teller rechts). Faustregel: je dunkler, desto würziger und intensiver. Miso ist eine der wichtigsten Würzpasten in der japanischen Küche, wichtig als Basis für Suppen, Saucen, Marinaden.

Wasabi, auch **japanischer Meerrettich** genannt: Wird aus der leuchtend grünen Wurzel einer Wasserpflanze hergestellt, deren Fleisch fein gerieben eine unglaubliche Schärfe hergibt. Die beißende Würze liebt man vor allem zu rohem Fisch, man vermischt sie nach Gusto mit etwas Sojasauce und stippt Sushi oder Sashimihäppchen hinein. Dabei dient Wasabi nicht nur als Gewürz, sondern hat auch aseptische Wirkung, was bei rohem Fisch in warmen Regionen außerordentlich wichtig sein kann. Die Pflanze wird inzwischen sogar in Neuseeland angebaut. In Europa ist Wasabi nur selten frisch zu finden. Aber auch in Japan wird er weniger frisch verwendet, weil er so schnell verdirbt, sondern vielmehr meist aus einem giftgrünen und puderfeinen Pulver mit etwas Wasser angerührt. Vor Gebrauch sollte die Paste zehn Minuten zugedeckt quellen, um ihr scharfwürziges Aroma zu entwikkeln. Zum Servieren formt man daraus einen kleinen Kegel, der auf der Sushiplatte angerichtet wird (wie auf dem linken Tellerchen Bild unten beziehungsweise auf dem Photo Seite 60/61 ganz rechts zu sehen). Inzwischen haben auch hiesige Köche den eigentümlichen Geschmack von Miso und Wasabi kennen- und schätzengelernt: sie würzen damit auch westliche Salat- oder Sahnesaucen, denen dieser Duft einen fremdartigen Reiz verleiht.

Shoga gari, eingelegter Ingwer: Gehört unbedingt zu allen rohen Fischgerichten. Denn Ingwer sorgt mit seiner antibakteriellen Wirkung dafür, daß Keime abgetötet werden. Man kauft ihn in dünne Scheiben oder in Streifen gehobelt, in Essigmarinade eingelegt, von der bedeckt er sich wochenlang frisch hält (Schälchen vorne); manchmal werden die eingelegten Scheiben mit Speisefarbe rosa gefärbt (Schälchen in der Mitte), was allerdings auf den Geschmack keinen Einfluß hat.

Tofu (auf dem Tellerchen oben links): Die weiße, puddingartige Masse aus Sojabohnen, die auch in der chinesischen Küche so wichtig ist, kann man mittlerweile überall kaufen, sogar im Supermarkt. (Siehe auch Seite 35.)

SHISO-BLÄTTER

Shisokraut, botanisch *Perilla argutis*, ist ein in der japanischen Küche immer wiederkehrender Kontrapunkt – die wie ein Pik geformten, an Brennesseln erinnernden Blätter gibt es in Leuchtendgrün und in Weinrot; letztere werden ihrer Farbe und ihres eindeutigen Geschmacks wegen auch Rindfleischkraut genannt. Ihren ebenso unbeschreiblichen wie charakteristischen Geschmack wird jeder überall wiedererkennen, der sie einmal gekostet hat.
Man ißt die frischen grünen Kräuterblätter zu rohem Fisch, wie Sashimi oder Sushi, sie passen zu gegrilltem oder gebratenem Fleisch und werden im Teigmantel ausgebacken (Tempura). Die nußartig schmeckenden, hocharomatischen Blätter dieses Krautes gehören für jeden Japaner unbedingt zu Sushi und Sashimi – allerdings gibt es sie bei uns leider nur selten, und so legt man zur Verzierung grüne Plastikblätter dazu; die frischen sind, werden sie auf dem Luftwege zu uns transportiert, nämlich äußerst kostspielig (bis zu 50 Pfennig pro Blatt!). Man liebt die Blüten nicht nur als Dekoration auf der Sushiplatte, sondern streift sie von den Stielen und zerzupft sie in den Soja-Dip, in den man seine Bissen stippt.

Liebhabern sei empfohlen, sich das Kraut selbst zu ziehen, was im Gewächshaus oder Wintergarten ohne weiteres geht – Samen oder Pflanzen (Mai/Juni) zu bestellen bei *Daniel Rühlemann, Auf dem Kamp 3, 28217 Bremen, Tel. 0421 - 39 37 36* (oder auf seinem Stand auf dem Hamburger Isemarkt).
Dort bekommen Sie auch die purpurfarbene Shiso-Art **Perilla** als Pflanze, die man zum Einlegen braucht und die, milchsauer vergoren, zum Einwickeln aller möglichen Dinge dient. In dieser Form konserviert kann man sie in Folie verschweißt kaufen. Man benutzt die roten Shisoblätter auch häufig zum Einlegen von Pflaumen (Umeboshi). Sie sind eine dekorative wie wohlschmeckende Hülle für Stücke vom Fischfilet (zum Beispiel Lachs oder Forelle), die darin verpackt über heißem Dampf gegart werden. Dazu schmeckt eine Sauce, gemixt aus hellem Miso, etwas Dashi und Sojasauce - ein eleganter Fischgang in einem multikulturellen »west-östlichen« Menü.

Sashimi von der Forelle

Natürlich kann man auch alle möglichen anderen Fischarten verwenden, wenn man einen guten Fischladen kennt. Forellen jedoch sind praktisch überall lebendfrisch zu bekommen – und Frische ist nun mal das Wichtigste, wenn man den Fisch roh essen will.

Für vier Personen:
2–3 lebendfrische, möglichst große Forellen (ideal sind 500 g schwere Fische), 1 gehäufter TL Wasabi, Sojasauce, eingelegter Ingwer (Shoga gari)

1.
Forellen vom Händler schlachten und ausnehmen lassen. Zu Hause filieren: Dafür mit einem scharfen, großen Messer zunächst den Kopf abtrennen, dann längs dem Rückgrat die Filets Richtung Bauch abschneiden.

2.
Die Filets auf die Hautseite legen, mit dem Finger die noch im Fleisch steckenden Y-Gräten aufspüren und mit einer Pinzette herausziehen.

3.
Die Filets von der Haut schneiden: dafür mit dem Messer am Schwanzende zwischen Haut und Fleisch fahren, die Haut mit dem Fingernagel festhalten und das Filet davon mit festem, flach geführtem Schnitt ablösen.

4.
Die Filets mit der glatten, der ehemaligen Hautseite nach oben quer in halbzentimeterstarke Scheiben schneiden und auf einer Platte anrichten.

5.
Wasabi mit einigen Tropfen Wasser zu einer dicken Paste rühren und zugedeckt ausquellen lassen. Zum Kegel formen und auf die Platte setzen. Den eingelegten Ingwer abgetropft als Häufchen daneben betten.

6.
Jedem Gast ein Schälchen mit Sojasauce hinstellen, die er sich nach Gusto mit etwas Wasabi schärft. Man stippt die Fischscheiben in die Sauce und verspeist sie mit Behagen.

Sushi

Sushi-Reis für sechs Personen:
300 g japanischer Rundkornreis, 650 ml Wasser, 5 EL Reisessig, 1 EL Zucker, 4 gestrichene TL Salz
Belag:
1–2 EL Wasabi, jeweils ca. 100 bis 150 g makellos frisches Fischfilet, zum Beispiel: Thunfisch, Rotbarsch, Lachs, Goldbrasse, Forelle, Makrele, Butt, Scholle oder Seezunge
Außerdem:
Sojasauce und eingelegter Ingwer

1.
Den Reis so lange unter fließendem Wasser in einem Sieb waschen, bis das ablaufende Wasser klar bleibt. Eine Stunde quellen lassen.

2.
Den Reis mit 650 ml Wasser in einen Topf füllen, aufkochen und zwei Minuten heftig kochen lassen. Schließlich auf kleinste Hitze schalten und nunmehr zugedeckt 15 Minuten ausquellen lassen.

3.
Vom Feuer ziehen und weitere 15 Minuten ruhen lassen.

4.
Inzwischen Essig, Zucker und Salz aufkochen. Den Reis in eine flache, weite Schüssel umfüllen, damit er durch die nun größere Oberfläche rasch abkühlt. Die Essiglösung gleichmäßig über den Reis träufeln, dabei mit einem Holzspatel umrühren und Luft zufächeln, bis der Reis nur noch zimmerwarm ist.

5.
Wasabi mit einigen Tropfen Wasser zur dicken Paste rühren und quellen lassen.

6.
Die Fischfilets in dünne Scheiben von etwa fünf mal drei cm schneiden.

7.
Jeweils zwei Eßlöffel Reis zu einem länglichen Klößchen formen, mit etwas Wasabi bestreichen und mit einer Fischfiletscheibe belegen.

8.
Dekorativ auf einer Platte anordnen, wie auf dem Bild Seite 60/61 gezeigt. Sojasauce, Wasabi und eingelegten Ingwer dazu reichen.

Sushi-Röllchen

Für sechs Personen:
1 Portion Sushi-Reis (siehe Seite 73),
6 Nori-Blätter (dunkle, papierdünne Algenblätter),
Wasabi , 1 kleine Salatgurke, 100 g rohes Lachsfilet

1.
Den Reis wie beschrieben zubereiten und abkühlen lassen.

2.
Die Nori-Blätter über einer Flamme (Gas) oder in einer trocken erhitzten Pfanne so lange anrösten, bis sie duften.

3.
Jeweils ein Blatt auf einem Tuch ausbreiten – in Japan nimmt man statt des Tuchs eine Matte aus feinen Bambusstäbchen. Fingerdick Sushi-Reis auf dem Nori-Blatt ausbreiten und etwas flachdrücken, auf einer Längsseite einen Rand frei lassen. In der Mitte einen Hauch Wasabi verstreichen.

4.
Die Gurke schälen, wenn nötig entkernen und längs in streichholzfeine Streifen schneiden. Jeweils in die Mitte des Reisbetts Bündel von Gurkenstreifen setzen. Mit Hilfe des Tuchs das Nori-Blatt aufrollen, so daß die Gurkenstreifen das Zentrum bilden. Dabei ordentlich und fest wickeln, damit die Rolle gut zusammenhält.

5.
Den Lachs in zentimeterstarke Streifen schneiden und auf die gleiche Weise wie die Gurkenstreifen in den Sushi-Reis verpacken.

6.
Die Rollen quer in drei gleich große Stücke schneiden, mit der Schnittfläche nach oben auf einer Platte anrichten.

Aal-Teriyaki

Teriyaki bedeutet Grillmarinade. Vor allem fettreiche Fische, wie zum Beispiel Aal, liebt man gegrillt. Sie werden dabei immer wieder mit einer Marinade aus Sojasauce und Mirin (süßem Reiswein) eingepinselt, die durch die Hitze karamelisiert und schließlich einen glänzenden, duftenden Überzug bildet. Der robuste Aal verträgt die direkte Hitze der Holzkohlenglut bestens, weil dabei sein Fett ausbrät und das Fleisch saftig bleibt. Probieren Sie dieses Rezept doch mal beim nächsten Grillfest – auch mit Hähnchenkeulen, Schweinebauch oder Rindersteaks!

Für vier Personen:
1 mittelgroßer Aal von ca. 800 g (vom Fischhändler ausnehmen und häuten lassen),
1 Tasse Mirin (oder Sake, gesüßt mit 1 TL Zucker),
1/2 Tasse Sojasauce, 2 Frühlingszwiebeln

1.
Den Aal von der Mittelgräte lösen. Aus dem Filet Portionsstücke von etwa 8 mal 5 cm schneiden.

2.
Mirin und Sojasauce mischen, über die Aalstücke gießen und mindestens zwei Stunden, besser bis zum nächsten Tag im Kühlschrank marinieren.

3.
Die abgetropften Aalstücke über Holzkohlenglut rösten oder einfach in der Pfanne braten. Dabei immer wieder mit der aufgefangenen Marinade einpinseln.

4.
Zum Servieren auf einer Platte anrichten und mit feingeschnittenen Frühlingszwiebeln bestreuen.

TIP
Wunderbar schmecken auch nach demselben Rezept marinierte und zubereitete Kalmare (Tintenfische): Deren Körperbeutel aufschneiden und auswaschen, die Außenseite ganz fein mit einem scharfen Messer kreuzweise, die Innenseite dagegen mit Parallelschnitten einkerben. So kann die Marinade besser eindringen, und das Fleisch wird zarter.

Die Parks in Japan sind sorgfältig gepflegt: Das Gras wird mit der Nagelschere gestutzt, Büsche und Bäume kunstvoll beschnitten

Gefülltes Brassenfilet

Praktisch, wenn man Gäste erwartet: Alles wird fertig vorbereitet, für jeden Gast ein kleines Päckchen gepackt. Erst wenn alle am Tisch sitzen, schiebt man die Päckchen in den Ofen und serviert sie nach einigen Minuten.

Für sechs Personen:
4 Shiitakepilze, 1 EL Mirin, 1 EL Sojasauce, 2 Eier,
100 g Perlerbsen (tiefgekühlt), Salz,
6 Stücke Brassenfilet mit Haut à 100 g,
Sesamöl zum Einpinseln, 6 dünne Zitronenscheiben,
Koriandergrün oder Petersilie

1.

Die Pilze mit kochendem Wasser überbrühen und eine halbe Stunde einweichen. Dann die Stiele herausschneiden und wegwerfen. Die Hüte stecknadelkopfklein würfeln und mit Mirin und Sojasauce marinieren.

2.

In einen Topf geben, aufkochen, die verquirlten Eier zufügen und unermüdlich rühren – sie dürfen auf keinen Fall gerinnen, sondern sollen wie ein Rührei stocken. Deshalb sofort vom Herd ziehen und die Erbsen einrühren, sobald sie zu heiß und damit fest zu werden drohen. Salzen.

3.

Sechs Blatt Alufolie so groß zuschneiden, daß sie ein Fischfiletstück jeweils gut einhüllen können, und mit Sesamöl einpinseln. Die Fischstücke daraufsetzen, die gestockten Eier darauf verteilen. Mit einer Zitronenscheibe abdecken und mit einem Kräuterblatt dekorieren.

4.

Die Päckchen sorgfältig verschließen. Vor dem Servieren für etwa 10 Minuten in den 200 Grad heißen Ofen schieben.

5.

Die Gäste packen ihre Päckchen selber aus, damit sie den herrlichen Duft wahrnehmen können.

Stilleben am Rand des Tokioter Fischmarkts: Besen aus Reisigbündeln, Rechen aus Bambusstäben, Körbe aus robusten Palmblättern geflochten

Gesottene Garnelen mit Misosauce

Für vier Personen:
8–12 rohe Garnelen in der Schale (je nach Größe), Salz,
Zitronensaft, Sojasauce, Kopfsalat- und Kräuterblätter
(z.B. Minze, glatte Petersilie, Melisse oder Koriandergrün)
Sauce:
50 g weißes Miso, 1 EL Zucker, 1 EL Mirin, 1 EL Sake,
1 EL Dashi (Fischbrühe, siehe Seite 65), 1/2 EL Sojasauce,
1 EL Reisessig, 1 Eigelb, etwas abgeriebene Orangenschale

1.

Die Garnelen in kochendes Salzwasser legen, das mit Zitronensaft und Sojasauce gewürzt ist. Sofort vom Feuer nehmen und ziehen lassen, bis die Sauce fertig ist.

2.

Alle Zutaten für die Sauce in einen hohen Mixbecher füllen, in ein heißes Wasserbad stellen, das ständig leise kochen sollte, und mit dem Mixstab zu einer dicken, cremigen Sauce rühren.

3.

Die Garnelen auf eine Platte betten, die mit Salat- und Kräuterblättern ausgelegt ist. Die Sauce getrennt dazu reichen. Die Gäste schälen sich jeweils das Garnelenfleisch aus ihrer Hülle, packen es stattdessen in Salat- und Kräuterblätter und stippen das Päckchen nach Gusto Bissen für Bissen in die Sauce.

TIP

Diese aromatische Sauce paßt übrigens glänzend auch zu ganz und gar unjapanischen Dingen, wie zum Beispiel zu gedämpftem Fischfilet, zu gedünsteten, mit Geflügelfarce gefüllten Wirsingpäckchen oder zum gegrillten Steak.

Nudeln und Reis – schnelle Alltagsküche

Mittagszeit in Tokio – wir kommen uns vor wie auf einem gigantischen Bahnhof: Zigtausende von Menschen hasten durch die Straßen, stauen sich an Ampeln und Übergängen, schieben sich in Wellen durcheinander, branden über die zu schmalen Bürgersteige. Vor Fast-Food-Restaurants verschiedenster Art bilden sich Menschentrauben: Hier gibt's Hamburger, dort *Yakitori,* die kleinen, gegrillten, würzigen Hühnerspießchen, rechts ein Steak-House, links eine Würstelküche. Überall dazwischen aber eine moderne, ganz typisch japanische Variante: Nudel-Shops, sozusagen die Kantinen der umliegenden Büros und Fabriken.

Auch wir haben Hunger, beschließen ebenfalls, Nudeln zu essen. Im einfach, westlich-funktional und entsprechend geschmacklos ausgestatteten Restaurant empfängt uns ein gewaltiges Geschlürfe und Geschmatze: An allen Tischen saugen die Gäste kochendheiße Nudeln zusammen mit kühlender Luft in sich hinein! Niemand stört sich an dem für uns unappetitlichen Geräusch, niemand nimmt Anstoß an den aus den Mündern in die Suppenschalen hängenden Nudeln... Hier wird nicht gegessen, sondern einverleibt!

Aber wir sind so weit noch nicht: Mit kräftigem Ellenbogeneinsatz und ständigen Entschuldigungen für ihr Gedrängel bahnen sich die Menschen zielstrebig ihren Weg, suchen sich einen Platz, wobei sie schon zufrieden zu sein scheinen, wenn sie jemand finden, der halb aufgegessen hat – bis sie ihr Essen geholt haben, wird der sicher fertig sein...

Wir sind etwas ratlos. Ein jüngerer Japaner bemerkt dies und nimmt sich unser an, ganz vorsichtig: Er folgt uns erst, dann lächelt er, weist uns an einen Tisch, nimmt unsere Mäntel und legt sie neben andere Gäste. Winkt uns jetzt und zieht uns durch den Raum an einen Tresen. Wir machen, was alle tun, stellen uns geduldig ans Ende der Warteschlange – und beobachten. Die meisten Japaner lesen während des Schlangestehens Zeitung oder lernen aus einem Buch. Sind sie endlich an der Reihe, wird Zeitung oder Buch unter den Arm geklemmt und eine ziemlich geräumige Schale vom Stapel genommen. Hier hinein läßt man sich aus dem brodelnd kochendem Salzwasser eine Portion Nudeln füllen, Gemüseeinlage, Fleisch oder Fisch kommt nach Wunsch obenauf und schließlich wird die ebenfalls kochendheiße Brühe darübergegossen.

Es gibt zweierlei Grundtypen von Nudeln – die bräunlichen *Soba* aus Buchweizenmehl, wie man sie vor allem im Norden des Landes schätzt, und die fast weißen *Udon* aus Weizenmehl. Wir lassen uns von jeder Sorte eine Portion verabreichen, einmal mit Geflügel-, einmal mit Garnelen-Einlage. Man kann aber auch Gemüse, Pilze, Muscheln, Fisch oder Fleisch haben, sich sogar eine Mischung von allem in seine Schale häufen lassen.

Wieder kämpfen wir uns durchs gierige Menschengewühl zu unserem Platz zurück, wobei es uns tatsächlich gelingt, nichts zu verschütten – wer eine volle Schale vor sich her trägt, wird erstaunlicherweise kaum berührt, schon gar nicht angerempelt! Endlich sitzen wir, würzen die dampfende Suppe, wie es alle tun, mit einem ordentlichen Schuß Sojasauce und etwas *Sichimi*, der wunderbaren Würzmischung, die neben herzhafter Schärfe noch ein verführerisch exotisches Parfüm mitbringt, und versuchen, mit den Stäbchen die glitschigen Nudeln zu fassen. Sie scheinen aus einer einzigen endlosen Schlange zu bestehen, die immer wieder in die Schüssel zurückgleitet, wenn man sie hoch herausheben und abtropfen lassen will. Wir versuchen, mundgerechte Stückchen abzutrennen – eine mühevolle Angelegenheit, die uns nichts als erstaunte Blicke seitens der Japaner einbringt!

Und endlich begreifen wir, daß die Japaner tatsächlich nicht nur die beste, sondern die einzig mögliche Methode entwickelt haben, Nudelsuppe zu essen. So beugen wir uns ihrer Erfahrung, senken unsere Köpfe tief über die Suppenschalen und integrieren uns schlürfend und schmatzend in die Masse...

DIE GEWÜRZE UND ZUTATEN

Von links nach rechts im Uhrzeigersinn:

Ponzu: Eine kräftige Sauce auf Zitronenbasis, die man zum Würzen von Sashimi verwendet, zum Anmachen von Salaten und zum Abschmecken von Suppen und Saucen für Meeresfrüchte. Läßt sich gut durch mit ein wenig Wasser verdünnten Zitronensaft ersetzen.

Reisessig: Milder Essig (3-4 % Säure) aus Reiswein – läßt sich durch verdünnten Obstessig ersetzen.

Sake: Japanischer Reiswein (17–20 Volumenprozent) ist im Gegensatz zum chinesischen wasserhell. Er wird aus vergorenem Reis hergestellt und ist Japans wichtigstes alkoholisches Getränk. Man liebt ihn im Winter auf Körpertemperatur erwärmt – dann serviert man ihn in kleinen Portionskaraffen aus Porzellan; im Sommer dagegen schätzt man ihn eisgekühlt - in diesem Fall reicht man ihn in quadratischen Behältern aus Holz, auf dessen Ecke man etwas Salz aufhäuft, mit dem man den Sake würzt. Auch beim Kochen findet Sake weitverbreitete Verwendung. Man kann ihn in diesem Fall durch trockenen Sherry (Fino oder Manzanilla) ersetzen.

Mirin: Gesüßter Reiswein, den man ausschließlich zum Kochen

verwendet. Man nimmt ihn gern zum Überglänzen, kann ihn übrigens ohne weiteres durch Sake, ersetzen, den man mit Zucker oder Honig süßt.

Teriyaki-Marinade: Fertig käufliche Würzsauce (aus Sojasauce, Mirin, Dashi, Essig und Gewürzen) zum Einlegen von Fleisch, Fisch oder Gemüse zum Grillen.

Sukiyaki-Marinade: Fertige Würzsauce.

Sesamöl: Aus gerösteten Sesamsamen hergestellt, wie in der chinesischen Küche Gewürz, kein Bratfett.

Sojasauce: Japanische Sojasauce wird im Gegensatz zur chinesischen nicht ausschließlich aus Sojabohnen, sondern zu gleichen Teilen aus Soja und geröstetem Weizen gebraut. Sie wirkt dadurch leichter, frischer und delikater. Sie ist unverzichtbar und gehört zu allen Speisen in die Küche und auf den Tisch. Für die kaiserliche Familie wird eine besondere Sojasauce gebraut.
(Photo unten)

Sichimi (Kurzform von *Sichimitoragashi*): Gehört, wie hierzulande Salz und Pfeffer, unbedingt als Gewürz auf den Eßtisch, damit jeder nachwürzen kann. Eine Mischung aus sieben verschiedenen Gewürzen, in der Hauptsache jedoch zerriebene Chili, die für Schärfe sorgen, und zerbröselte Nori-Blätter. Außerdem stekken drin: Mohnsaat, schwarzer Sesam, Eschensamen, Mandarinenschale, Hanf und getrocknetes Shisoblatt. Die fertige Mischung kann man im Asienregal vom Supermarkt oder im Japanladen finden.

Sansho, auch japanischer Bergpfeffer genannt. Aus den kleinen Beeren eines Baumes der Eschenfamilie mit Namen *fagara* oder *ash tree*. In China verwendet man die ganzen Beeren als Szechuanpfeffer. In Japan werden die Beeren fein gemahlen. Ihr durchdringender, charakteristischer Geschmack wirkt feurig und hocharomatisch.

Japanische Nudeln

Die weißen Weizennudeln **Udon** und bräunlichen Buchweizennudeln **Soba** gibt es rund und dünn wie Spaghetti oder flach wie Bandnudeln, jeweils in verschiedenen Stärken. Im Asienladen ist das Angebot vielfältig. Rechts im Bild noch zu sehen: **Harusame**, Nudeln aus Speisestärke, nicht nur in Suppen gut, auch für Salate. Nudel-Fans probieren Nudeln auch mal selbstgemacht. *Udon* lassen sich auf Vorrat einfrieren, vertragen dies jedoch besser roh als gekocht. Buchweizennudeln schmecken dagegen frisch am besten.

Frische Nudeln:
1 kg Mehl (wer Buchweizennudeln herstellen will, nimmt 4/5 Buchweizenmehl und 1/5 Weizenmehl),
3 EL Salz, 2 Eigelb, ungefähr 1/4 l Wasser

1.
Das Mehl in eine Schüssel häufen, in eine Vertiefung in der Mitte die mit dem Salz verquirlten Eigelb geben.

2.
Zuerst die Eigelb mit dem Mehl aus der Umgebung verrühren, nach und nach das Wasser zufügen. Einen geschmeidigen Teig daraus kneten, dabei soviel Wasser verwenden, wie nötig ist, um dem Teig die richtige Konsistenz zu geben. »Wie ein Ohrläppchen« soll er sich anfühlen, sagt man in Japan.

3.
Den Teig auf einem bemehlten Brett, mit einem feuchten Tuch zugedeckt, zwei bis vier Stunden ruhen lassen.

4.
Den Teig dünn ausrollen und in schmale Streifen schneiden. Am einfachsten geht das übrigens mit einer italienischen (!) Nudelmaschine...

5.
Die Nudeln werden in reichlich, wenig gesalzenem Wasser gekocht, sie sollten eine Spur weicher sein als *al dente* gekochte Spaghetti. Anschließend werden sie unter fließendem kalten Wasser gründlich von aller anhaftenden Stärke gesäubert. So bleiben sie etwa eine Woche im Kühlschrank frisch.

Nudelschale mit Garnelen und Spinat

Im Sommer werden *Udon*-Nudeln kalt gegessen und sind ein begehrtes Leibgericht – an Geburtstagen serviert, verheißen sie Glück und langes Leben!

Für vier Personen:
4 Shiitake- oder Tongkupilze, 2 EL Zucker, 3 EL Sojasauce, einige Tropfen Sesamöl, 4 Eier, 250 g Udon-Nudeln, 4 Garnelen, eine Handvoll Spinatblätter, 2-3 Frühlingszwiebeln, 1 EL frisch geriebene Ingwerwurzel, 1/4 l Dashi, 5 EL Sojasauce, 5 EL Mirin

1.
Die Pilze mit kochendem Wasser überbrühen und eine halbe Stunde einweichen. Die Stiele herausschneiden.

2.
Die Hüte, von der Einweichflüssigkeit bedeckt, etwa fünf Minuten köcheln, Zucker, Sojasauce und Sesamöl zufügen und alles weitere zehn Minuten köcheln.

3.
Die Eier anstechen, in kochendes Wasser legen und nunmehr unterhalb des Siedepunkts (bei höchstens 80 Grad – die Verwendung eines Thermometers ist empfehlenswert!) zwanzig Minuten stocken lassen: Das Eiweiß sollte eben fest geworden, der Dotter jedoch noch cremig sein.

4.
Die Nudeln in reichlich kochendem Salzwasser bißfest kochen, mit einer Schaumkelle herausheben, gründlich abspülen und abtropfen lassen.

5.
Die Garnelen für drei Minuten in das leise siedende Nudelwasser geben, die geputzten und entstielten Spinatblätter ebenfalls sekundenlang hineintauchen. Kalt abschrecken.

6.
Die Nudeln in vier Schalen verteilen, dann die gepellten, halbierten Eier, die geschälten Garnelen, die in dünne Scheiben geschnittenen Pilze sowie die Spinatblätter, jeweils nach Farben hübsch sortiert, darauf anordnen.

7.
In feine Ringe geschnittene Frühlingszwiebeln, geriebenen Ingwer, Dashi, Sojasauce und Mirin verrühren. Einen Teil davon über die Nudeln gießen, den Rest getrennt zum Nachwürzen auf den Tisch stellen.

Japanische Nudelsuppe

Man braucht dafür keine Hühner- oder andere Fleischbrühe, es handelt sich vielmehr um eine mit Sojasauce und Mirin gewürzte *Dashi*:

Für ca. 1 l Brühe:
1 handtellergroßes Stück Kombu, 150 g Bonitoflocken, 5 EL Sojasauce, 1 EL Zucker, 2 EL Mirin
Zum Servieren für vier Personen:
500 g Soba oder Udon, 1 Frühlingszwiebelgrün, Sichimi

1.
Alle Zutaten mit einem großzügig abgemessenen Liter Wasser einige Minuten köcheln und schließlich durch ein Sieb filtern.

2.
Die gekochten Nudeln werden in dieser Brühe bei Bedarf erwärmt (am einfachsten, indem man sie in einem Sieb hineinhält) und schließlich mit in feine Ringe geschnittenem Frühlingszwiebelgrün und *Sichimi* (siehe Seite 78) bestreut serviert.

TIP

Soba werden genauso angerichtet, etwas intensiver mit Sojasauce, nach Geschmack auch zusätzlich mit etwas *gelbem oder rotem Miso*, gewürzt.
Schließlich kann man nach Gusto und Vorräten aus der schlichten Nudelsuppe einen bunten Eintopf zaubern. Hinein paßt nahezu alles. Zum Beispiel:
- Frühlingszwiebeln, in feine Ringe geschnitten;
- zerzupfte Kräuter, wie Koriandergrün, Petersilie oder Minze;
- gekochtes Rind-, Schweine- oder Hähnchenfleisch in Würfeln;
- Schinkenstreifen;
- Champignons, in feine Scheibchen gehobelt;
- Shiitakepilze, eingeweicht und mit Sojasauce und Mirin mariniert;
- Blätter von Spinat, Salat, Chinakohl oder Wirsing in Streifen;
- Paprika oder Tomaten in kleinen Würfeln;
- kurz: alles, was nur kurzer oder gar keiner Garzeit bedarf. Es wird einfach auf den gekochten Nudeln in der Nudelschale angerichtet und schließlich mit der kochendheißen Brühe übergossen – fertig! Das ist schnelle Küche, wie man sie sich wünscht.

Übrigens: Die chinesischen Eßschälchen sind für diesen Zweck zu klein. Die japanischen Schüsseln, aus denen man Nudeln ißt, fassen eine ganze Portion mit etwa 100 Gramm Nudeln.

Reistopf mit Hühnerfleisch

In Japan ein Alltagsessen, das hierzulande gar nicht alltäglich schmeckt und sich problemlos auch in unseren Speiseplan einfügt.

Für vier Personen:
300 g Rundkornreis, 3/4 l Dashi, 4 Hähnchenkeulen, 1 Möhre, 6 frische oder 4 eingeweichte Shiitakepilze, 100 g Perlerbsen, je 1 EL Mirin und Sojasauce, 1-2 Nori-Blätter, einige Korianderstengel

1.
Den Reis gründlich waschen, bis das Wasser klar abläuft. In einem Sieb eine Stunde quellen lassen. Erst dann mit der Dashi in einen Topf füllen.

2.
Die Hähnchenkeulen häuten, das Fleisch von den Knochen lösen, in zentimeterkleine Würfel schneiden, dabei alle Sehnen entfernen.

3.
Die Möhre schälen, in streichholzfeine Streifen schneiden. Die Pilze entstielen, die Hüte winzigklein würfeln.

4.
Den Reis in der Dashi-Brühe zum Kochen bringen; Hühnerfleisch, Möhren- und Pilzwürfel zufügen. Zwei Minuten im offenen Topf köcheln, dann auf kleinster Flamme, nunmehr zugedeckt, 15 Minuten ausquellen lassen.

5.
Die Erbsen zufügen, alles mit einer Gabel behutsam auflockern und mit Mirin und Sojasauce beträufeln.

6.
Die Nori-Blätter über einer Flamme oder in der trokken erhitzten Pfanne rösten. Unmittelbar vor dem Servieren zerbröseln und zusammen mit den zerzupften Korianderblättern über den Eintopf streuen.

TIP
Natürlich kann man hier mit verschiedenem Gemüse immer wieder neue Farben, Düfte und Geschmacksrichtungen einbringen. Gemüse mit kurzer Garzeit erst kurz vor dem Servieren untermischen, Gemüse mit festerer Struktur kann die gesamte Garzeit über mitdünsten.

Reistopf mit Rindfleisch

Ein Grundrezept, das man je nach Geschmack und Vorräten im Kühlschrank immer wieder abwandeln kann – übrigens auch ein fabelhaftes »Versteck« für Reste!

Für vier Personen:
1 Zwiebel, 200 g Rinderlende, vom Metzger bereits in feine Streifen geschnitten, 2 EL neutrales Öl, 1 EL Sesamöl, je 1 TL gehackter Ingwer und Knoblauch, Salz, Zucker, 1 Lauchstange, je 2 EL Mirin, Sake und Sojasauce, ca. 1/2 Tasse Hühnerbrühe oder Dashi, 8 Tassen gekochter, heißer Reis, 2 Frühlingszwiebeln

1.
Die Zwiebel in feine Ringe schneiden, zusammen mit dem Rindfleisch im heißen Öl (beide Sorten gemischt) in einer großen Pfanne rasch, unter ständigem Rühren, anbraten. Mit Ingwer und Knoblauch bestreuen, mit Salz und Zucker würzen.

2.
Den in zentimeterbreite Ringe geschnittenen Lauch zufügen. Mit Mirin, Sake und Sojasauce sowie mit der Brühe ablöschen.

3.
Den Reis in vier Schalen häufen, das gebratene Rindfleisch gerecht darauf verteilen. Die in feine Ringe geschnittene Frühlingszwiebel darüberstreuen und servieren.

Ein stilles Bild, wie man es in Japan überall finden kann: das steinerne Wasserbecken neben dem Hauseingang, mit einem Bambusbecher zum Schöpfen

Kaiseki-Diner, Tempura und andere Klassiker

Als wir, geleitet von unseren japanischen Gastgebern, das Restaurant betreten, werden wir von Geschrei erschreckt: Türsteher und Empfangschef begrüßen uns auf traditionelle Art in geziemender Höflichkeit – und das hört sich auf japanisch wie Kriegsgebrüll an! Sogleich aber wird es auch für unsere Gemüter sanft und angenehm. Vor uns neigen sich auf beiden Seiten des Weges, mit zusammengelegten Händen leise lächelnd, in wunderschöne Kimonos gekleidete Mädchen; solchermaßen durchs Klischee verzaubert und poetisch eingestimmt, lassen wir uns von ihren rosa Wangen an die Kirschblüte erinnern...

Das feine, edle und teure Restaurant des Kaufhauskonzerns *Mitsukoshi* im Tokioter Stadtteil Kioicho zeichnet sich durch eine Mischung europäischer Moderne und japanischer Klassik aus. Hier kann man auf Stühlen sitzen, muß nicht in für uns doch unbequemster Art zu Boden gehen, um sich mit dem berühmten großen Menü der altüberlieferten japanischen Hochküche, einem *Kaiseki*, verwöhnen zu lassen. Das Kaiseki ist eine aufwendig komponierte, mit besonderen Leckerbissen gespickte, durchaus zeremonielle Angelegenheit, die sich in ihrem Ablauf, mit dem Geschirr und den verwendeten Produkten an der Jahreszeit ausrichtet.

Für uns Westler ist natürlich nicht zu durchschauen, wann ein Gericht wie und warum auf welcher Schale so oder so angerichtet wird (und deshalb gibt es hierzulande auch nur wenige Kaiseki-Restaurants) – aber gewiß ist, daß alles eine bestimmte Bedeutung hat, die ein gebildeter Japaner sofort erkennt und an der er sich wissend erfreut. Wir genießen einfach die Schönheit der Anrichtung, sind aber vor allem begeistert von den formal ebenso schlichten wie vollendeten Schalen, Schüsseln, Platten, Bechern, Tassen und Tellern: die einen hell und pastellfarben, unglaublich zart in den Nuancen komplementärer Farben, die ineinander verlaufen und in Harmonie verschmelzen; andere von dunklen Tönen geprägt, besinnlich, ja melancholisch; wieder andere klar, intensiv und fröhlich leuchtend! Wir erfreuen unsere Gastgeber mit der Drohung, ein paar dieser Schälchen mitgehen zu lassen – es wird dem Restaurantchef übersetzt, der sich vor Lachen ausschüttet, jedoch gleichzeitig stolz in die Brust wirft, denn natürlich faßt er dies als Kompliment auf. Trotzdem, so haben wir das Gefühl, gibt er Anweisung, daß man uns beobachtet – schließlich sind manche Stücke ein Vermögen wert: Die Werke großer Künstler, denen oft erst nach wochenlanger Arbeit ein Schälchen gelingt, dessen Form und Farbenverlauf ihren Ansprüchen genügt – und das dann tatsächlich soviel kostet wie ein Mittelklasseauto! Der Ruf eines Kaiseki-Restaurants hängt von der Qualität dieser Objekte und der Kunst der Anrichtung mindestens ebenso stark ab wie von der Qualität der Speisen.

Kaiseki-Menüs haben viele Gänge – alle nicht zum Sattwerden, sondern kleine, feine »Magentratzerln«. Oft sind es winzige Portiönchen von Speisen, die sonst als Hauptgerichte serviert werden. So zum Beispiel kann ein solches Festmenü aussehen: Roh marinierte Rübchen mit Lachsrogen; verschiedene, wunderschöne, kurz marinierte Gemüse mit Sojabohnenpaste; *Miso*-Suppe mit Seeigelrogen; Fischleber mit Kaviar und wieder verschiedenen, süßsauer eingelegten Gemüsen; *Fugu-Sashimi*, jener berühmte, wenn er falsch präpariert wird, tödlich giftige Kugelfisch, dessen transparentes Fleisch in Verbindung mit der krispen Haut unglaublich köstlich schmeckt – natürlich völlig gefahrlos im Spezialrestaurant zu genießen, wo besonders trainierte Küchenchefs sich der Sache annehmen; gebackene Reiskuchen mit Pflaumensauce; mit Tintenfisch mariniertes Rindfleisch; Aal mit Süßkartoffelpüree; *Tempura* (fritierte Gemüse); eine mit einem Salat aus Seegurke, Kaki, Ingwer, Gurke und Seetang gefüllte Orange; Gänsesuppe mit Nudeln und Spinat, begleitet von gepickeltem Rettich, eingelegter Aubergine und Bittermelone; schließlich zum Dessert Kaki mit Birne, wozu wir den leuchtend-grünen *Matcha-Tee* nippen. Und dann folgt noch ein letztes Gedicht: Roter Bohnen-

pudding, serviert auf einem himmlisch blauen Teller. Das Dessert heißt, es ist November, »der erste Frost des Jahres«.
An diesem Restaurantbesuch kann man etwas Wesentliches erkennen: In Japan entscheidet man sich nicht erst beim Studium der Speisekarte, was man essen will, sondern bereits bei der Wahl des Restaurants. Die meisten sind nämlich auf ein bestimmtes Gericht beziehungsweise auf eine Zubereitungsart spezialisiert. Man geht also in die *Tempura*-Bar, wenn man Lust auf in hauchzarten Teig gehüllte, in Öl gebackene Leckerbissen hat, oder in ein *Tofu*-Haus, falls man erstklassigen Tofu genießen will. Bei uns ist meist alles unter einem Dach versammelt. Damit man sich man auf der Speisekarte zurechtfindet, sind dort meist Spezialmenüs komponiert.

Tempura

Portugiesische Missionare haben die Technik des Fritierens einst nach Japan gebracht. Dort wurde sie (wie könnte es anders sein?) zur Perfektion weiterentwikkelt. Nirgendwo ist Fritiertes so duftig, so leicht und zart wie in Japan. Der Trick: Der Teig wird nicht glattgequirlt, sondern wird eigentlich erst durch das Eintunken der auszubackenden Zutaten vermischt. Denn das Mehl, das auf dem Wasser schwimmt, und das Ei am Boden der Schüssel verbinden sich erst an der Oberfläche des eingetauchten Stücks zur umgebenden Hülle. Außerdem ist der »Teig«, also das Wasser, eiskalt, es explodiert geradezu, sobald es ins heiße Öl getaucht wird – das macht die Hülle so knusprig.
Entscheidend ist natürlich auch die **Fritiertemperatur**. Ist sie zu niedrig, wird das Fritiergut nicht knusprig, sondern nur ölig; ist sie zu hoch, verbrennt die Hülle, obwohl das Innere noch roh ist. Am einfachsten ist mit einem Thermostat zu überprüfen, ob die erforderlichen 150–160 Grad (für Kräuter und Gemüse) oder 170–180 Grad (für Fisch) erreicht sind.
Das richtige **Fritierfett**: In Japan liebt man eine Mischung aus geschmacksneutralem Pflanzenöl und bis zu zehn Prozent vom nussig wirkenden, teuren Sesamöl. Wichtig: Das Öl muß hitzebeständig sein – naturbelassene, kaltgepreßte Öle sind daher weniger gut geeignet.

Für vier bis sechs Personen (Bild Seite 60/61):
6 Garnelen, 1–2 Kalmare (Tintenfische),
6 frische Sardellen, 6 Seezungenfilets, 2 Zwiebeln,
4–6 Shiitake-(Tongku-)Pilze,
1 Paprikaschote, 1 kleine Aubergine, 4 große Champignons
Dip-Sauce:
1/4 l Dashi, 1/8 l Sojasauce,
1/8 l Mirin, 1 Tasse geriebener, ausgedrückter weißer Rettich, 2–3 TL feingeriebener Ingwer
Teig:
2 Eigelb, 2 Tassen Eiswasser, 2 Tassen Mehl
Außerdem:
geschmacksneutrales Öl zum Fritieren

1.
Garnelen schälen, große Exemplare längs halbieren. Kalmare ausnehmen, von der lila Haut befreien (falls noch vorhanden), den Körperbeutel in streichholzschachtelgroße Stücke schneiden. Die Innenseite kreuzweise mit feinen Linien einkerben.

2.
Sardellen und Seezungenfilets waschen. Gemüse putzen, in Scheiben oder Streifen schneiden. Alle zu fritierenden Zutaten gründlich mit einem Tuch abtrocknen!

3.
Für den Dip Dashi, Sojasauce und Mirin aufkochen und abkühlen lassen.

4.
Den Teig erst unmittelbar bevor es losgeht anrühren. In zwei Partien, damit er auch wirklich kalt bleibt. Ein Eigelb mit Eßstäbchen verquirlen (sie sind ein ausreichend ungeeignetes Werkzeug, um zu gewährleisten, daß der Teig nicht zu gründlich verrührt wird!), eine Tasse Eiswasser zufügen; nur ein paar Mal umrühren, bevor das durchgesiebte Mehl lose damit verrührt wird. Klümpchen sollen sichtbar auf der Oberfläche schwimmen.

5.
Die vorbereiteten Zutaten kurz in den »Teig« tauchen, abtropfen lassen und ins aufrauschende Öl gleiten lassen. Nie zuviel auf einmal in das heiße Fett geben, weil sonst die Temperatur zu sehr absinkt.

6.
Tempura (Betonung übrigens auf der ersten *und* letzten Silbe) wird auf Papier angerichtet. Man nimmt dazu ganz normales Schreibpapier, schräg zur Hälfte gefaltet, damit es nicht so akkurat aussieht. Der Rettich wird als Häufchen daneben gesetzt und mit Ingwer geschmückt.

7.
Man darf mit der Hand essen, stippt die einzelnen Bissen in den Dip, den man mit etwas geriebenem Rettich und Ingwer verrührt; dazu trinkt man am besten Sake oder grünen Tee.

Shabu Shabu

Es ist die japanische Variante des Fleischfondues, dessen Name sich von jenem Geräusch ableiten soll, das entsteht, wenn man ein Stück Fleisch in siedende Brühe hält. Es ist übrigens ein vergleichsweise junges Rezept. Denn erst seit etwa hundert Jahren ist das strenge Verbot der buddhistischen Staatsreligion, Säugetiere für den menschlichen Verzehr zu töten, aufgehoben.
Shabu Shabu ist ein geselliges Essen, das auch der Gastgeberin die Möglichkeit gibt, zu genießen. Denn die Vorbereitungen sind nicht sehr aufwendig – und das Kochen übernehmen die Gäste. Man braucht dafür entweder einen sogenannten Feuertopf, wie man ihn auch in anderen Gegenden Asiens kennt; man kann auch einen Fonduetopf oder einen normalen Topf mit entsprechendem Rechaud nehmen.

Für sechs bis acht Personen:
ca. 1200 g gut von Fettadern marmorierte, gut abgehangene Rinderlende, gehäutet, von Fett und Sehnen befreit, etwas Öl, 12 Shiitake-(Tongku-)Pilze, 6–8 Frühlingszwiebeln, 1 mittelgroßer Chinakohlkopf, 2 Handvoll Spinatblätter, 2–3 Lauchstangen, 8 Champignons, 200 g Bambussprossen, 2 Möhren, 200 g Tofu, 1 handtellergroßes Stück Kombu (Algen)
Sesam-Dip:
100 g weiße Sesamsaat, 5 EL Sojasauce, 2 EL Mirin (süßer Reiswein), 2 TL Reisessig, 0,2 l Dashi, 1 Knoblauchzehe, Chilipulver
Limonen-Dip:
2 Limonen, 5 EL Sojasauce, 1 EL Zucker, 2 Frühlingszwiebeln, 1 mittelgroßer weißer Rettich

1.
Das Fleisch am besten vom Metzger auf seiner Aufschnittmaschine in papierdünne Scheiben schneiden lassen (höchstens zwei Millimeter stark). Ihm die (am besten vorher mit geschmacksneutralem Öl eingestrichene) Fleischplatte bringen, damit er das Fleisch sofort darauf anrichten kann.

2.
Alle Gemüse waschen und vorbereiten: Pilze einweichen, die Stiele entfernen. Frühlingszwiebeln, Kohlblätter, Spinat, Lauch, Champignons, Bambussprossen und Möhren in Stücke, dünne Scheiben oder feine Streifen schneiden. Nach Sorten und Farben sortiert mit dem Tofu hübsch auf großen Platten anrichten.

3.
Das Algenstück in zwei Liter Wasser zehn Minuten kochen. Diesen Sud in den Fonduetopf füllen.

4.
Die Zutaten für den Sesam-Dip miteinander mischen, quellen lassen, im Mixer pürieren, mit Chili schärfen.

5.
Für den Limonen-Dip den Saft der Limonen mit Sojasauce, Zucker, feingehackten Frühlingszwiebeln und dem fein geriebenen, in einem Tuch ausgedrückten Rettich verrühren.

6.
Die Gäste versorgen sich selbst: Gemüse und Fleisch werden in die auf dem Tisch siedende Brühe gehalten, bis sie gar sind. Man tunkt die Bissen vor dem Verspeisen in die verschiedenen Dips. Dazu gibt's gekochten Reis und/oder Nudeln.

Shabu Shabu wird im sogenannten Feuertopf serviert

Tofu kommt im Wasserbadkästchen auf den Tisch

Sukiyaki

Gewissermaßen die geschmorte Version des Fleischfondues: Man braucht ein kräftige Hitze spendendes Rechaud dafür, damit die Zutaten im flachen, weiten Topf (möglichst aus schwerem Eisen, das die Hitze gut speichert und weitergibt) schmoren können oder einen Tisch-Wok – ein Teelicht genügt nicht. Auch hier übernehmen die Gäste die Kocharbeit.

Für sechs Personen:
1000 g abgehangene Rinderlende (ohne Haut und Sehnen), Gemüse wie für Shabu Shabu
Außerdem:
75 g Rinderfett zum Anbraten, 3 EL Zucker, 1/8 l Sake, 1/8 l Sojasauce, 1/4 l Wasser, 6 Eier, etwas Reis und feine japanische Nudeln

1.
Das Fleisch ebenfalls beim Metzger, diesmal aber in nicht ganz so dünne Scheiben wie fürs Shabu Shabu beschrieben aufschneiden lassen.

2.
Die Gemüse herrichten und hübsch auf einer Platte anordnen.

3.
Bei Tisch nun zuerst das Rinderfett im heißen Topf auslassen, dabei Topfboden und -wände gut einfetten. Das übrigbleibende Fettstück wegwerfen.

4.
Einen Löffel Zucker in den Topf streuen und karamelisieren lassen. Bevor er zu dunkel wird, mit einem Schuß Sake, Sojasauce und Wasser ablöschen. Nach und nach den restlichen Zucker, Sake, Sojasauce und Wasser zufügen, einkochen lassen, damit sich alles zu einem duftenden Sud konzentriert. Er sollte etwa zweizentimeterhoch im Topf stehen.
(Bis hierher läßt sich natürlich auch alles in der Küche erledigen.)

5.
Und dann kann es losgehen: Gemüse und Fleischscheiben werden in diesem Sud gegart. Jeder legt ein und fischt sich heraus, was er mag.

6.
Man tunkt seine Bissen in verquirltes Ei, das in einem Schälchen vor jedem Gast steht. Und zum Schluß löffelt man sich die konzentrierte Schmorflüssigkeit über seinen Reis.

Matcha-Eis – Eiscreme aus grünem Tee

Und der Nachtisch? Japanische Desserts, häufig aus Sojabohnen, Klebereis oder Sojamehl zubereitet, sind für unseren Gaumen eher ungewohnt. Was indessen auch uns schmeckt, sind Obstdesserts oder dieses Matcha-Eis: *Matcha* ist ein leuchtendgrünes puderfeines Teepulver, aus dem der heilige Tee für die Teezeremonie zubereitet wird. Man kann es in Japanläden kaufen.

Für sechs Personen:
3 Eigelb, 3 EL Zucker, 3/8 l Wasser, 3 TL Matcha-Teepulver

1.
Eigelb und Zucker mit dem elektrischen Handrührer oder in der Küchenmaschine zu einer dicken, fast weißen Creme rühren.

2.
Das Wasser aufkochen, mit dem Schneebesen das Teepulver einarbeiten. Kochendheiß zur Eiercreme gießen, dabei ständig weiterschlagen.

3.
Abkühlen lassen, in die Eismaschine füllen und eine halbe Stunde unter Rühren gefrieren lassen.

4.
Wer keine Eismaschine hat, stellt die Schüssel ins Gefrierfach, muß aber immer wieder mit dem Schneebesen durchrühren, um die Eiskristalle zu zerstören, die nachher beim Essen kein Genuß wären.

Matcha *(Photo rechts): Für die Tee-Zeremonie wird das grüne Pulver mit gerade eben nicht kochendem Wasser aufgebrüht und mit dem kleinen Schneebesen, kunstvoll aus Bambus geschnitten, schaumig aufgeschlagen. Der Gast führt die Schale andächtig mit beiden Händen zum Mund und trinkt den heißen Tee mit winzigen Schlucken, die ganze Schale auf einmal, ohne sie abzusetzen. Wichtig ist seine Andacht dabei und daß er nur gute Gedanken währenddessen hegt...*

老松

Korea

Chili und Sauerkohl, Rindfleisch und Holzkohlengrill

Wer seiner Nase folgt, wird ein koreanisches Restaurant dank zweierlei Duftnoten auch blind erkennen: Der verlockende, appetitanregende Geruch von über Holzkohlenglut gegrilltem Rindfleisch und der eher gewöhnungsbedürftige Duft von sauer eingelegtem Kohl. Tatsächlich ist eine Art Sauerkraut die Nationalspeise der Koreaner: *Kim-chi,* mit Chili und Ingwer milchsauer vergorener Weiß- oder Chinakohl, darf bei keiner Mahlzeit fehlen, sein durchdringender Duft ist allüberall, der scharfsäuerliche Geschmack paßt, so meinen die Koreaner, immer und zu jeder Speise. Im frühen Herbst, sobald das Kraut (China- und Weißkohl oder Wirsing) geerntet ist, wird es in ländlichen Haushalten in gewaltigen Mengen in riesigen Tontöpfen (wie hier das Sauerkraut in seinen charakteristischen Standen) eingelegt. Jede Familie hat da ihr ureigenes, eifersüchtig gehütetes Rezept. Städter kaufen Kim-chi auf dem Markt. Im Kühlschrank hält sich ein Familienvorrat mehrere Wochen frisch. Auch weißer Rettich, frische Salatgurken, weiße und rote Rüben lassen sich auf diese Weise konservieren und sind als Abwechslung willkommen.

Gegrilltes ist in Korea derart beliebt, daß man Holzkohlenfeuer nicht nur unter freiem Himmel entzündet, sondern längst Mittel und Wege ersonnen hat, es gefahrlos auch in geschlossenen Räumen tun zu können: Häufig wird die fertige Glut in einem eisernen Becken zu Tisch gebracht, überwölbt von einer wie ein Wokdeckel geformten Eisenplatte mit zahllosen kleinen Schlitzen. In manchen Restaurants wird diese gewölbte Grillplatte jedoch durch ein fest am Tisch installiertes Gassystem erhitzt. Dann werden Rindfleisch in dünnen Scheiben, dazu verschiedenste, in Streifen oder Stücke geschnittene Gemüse serviert. Und jeder Gast grillt sich auf der eingeölten, fast glühend heißen Platte seine Bissen selbst. *Koreanisches Barbecue* nennt man diese Art von Fleischfondue, und es ist ein ebenso vergnügliches und geselliges wie wohlschmeckendes Speisen. In gut sortierten Asienshops kann man solche speziellen Grillplatten kaufen; geeignet sind auch flache Grillplatten *(Griddles)* oder -pfannen für den Tischgebrauch, wie man sie in normalen Haushaltsgeschäften findet, die auf der Herdplatte erhitzt und über Rechauds bei Tisch warm gehalten werden. Allerdings muß man dann in diesem Fall auf das charakteristische Holzkohlenaroma verzichten...

Taschenkrebse werden über Holzkohlenglut gegrillt

Die Küche Koreas hat Ähnlichkeit mit der japanischen, aber auch mit der chinesischen und ist doch durchaus eigenständig und unverwechselbar. Aus Japan stammt die Liebe zu den eingelegten Pickles, aus China die Vorliebe fürs Kleingeschnittene. Aber: Während in China hauptsächlich Hähnchen- oder Schweinefleisch gegessen wird, bevorzugt man in Korea kräftiges Rindfleisch. Reis hingegen gilt auch hier als zentraler Bestandteil jeder Mahlzeit (selbst beim Frühstück!), leicht klebrig gekocht, damit er mühelos mit Stäbchen gegessen werden kann. Ebenfalls wie in China sind Knoblauch, Ingwer, Frühlingszwiebeln sowie Sojasauce und das nussige Sesamöl aus gerösteten Sesamsamen wichtig; außerdem schwarzer Pfeffer.

TYPISCH KOREANISCH

Für Geschmack und Biß sorgen geröstete **Sesamsamen**. Sie werden in der trockenen Pfanne goldbraun geröstet, damit sie intensiven Duft entwickeln, und schließlich großzügig über die fertigen Gerichte gestreut. Die gerösteten Samen kann man in einer gutschließenden Blechdose monatelang aufbewahren.

Nori, jene fertig käuflichen Algenblätter, die man in Japan zum Einwickeln von Sushireis verwendet (siehe Seite 65), liebt man als Beilage zum Reis. Die papierdünnen, dunkelgrünen Blätter werden hier mit etwas duftendem Sesamöl eingepinselt und in der heißen Pfanne auf beiden Seiten geröstet.

Chili spielen sowohl frisch wie getrocknet eine Rolle, je nach Verwendungszweck; getrocknete Chili behalten auch nach dem Braten ihre schärfende Würzkraft und teilen sie den übrigen Zutaten mit, wohingegen die frischen Schoten in der Pfannenhitze einen Teil ihres Feuers einbüßen. Hier nur eine kleine Auswahl der unzähligen Sorten. Denn Chili gibt es in zahllosen Formen, Farben, Größen und Schärfegraden. Ansehen kann man ihnen übrigens ihre Schärfe leider nicht. In jedem Fall gehören die winzigen Vogelaugenchili (vorne rechts) zu den schärfsten.

Koreanisches Barbecue

Wer nicht bei Tisch grillen kann (oder mag), brät das marinierte Fleisch ganz kurz auf beiden Seiten in der heißen Pfanne, schwenkt das Gemüse in etwas Öl im Wok, würzt mit Sojasauce, Pfeffer und Zucker und bringt beides fertig zur Tafel – das macht vielleicht weniger Spaß, schmeckt aber auch.

Für vier Personen (Bild Seite 88/89):
500 g schiere Rinderlende (ohne Haut, Fett und Sehnen)
Marinade:
je 1 TL feingehackter Ingwer und Knoblauch,
2 in Ringe geschnittene Frühlingszwiebeln,
1 EL Sesamöl, 2 EL Sojasauce, 2 TL Honig oder Zucker,
1/4 TL schwarzer, frisch geschroteter Pfeffer,
1 EL geröstete Sesamsamen
Außerdem:
2 Zwiebeln, 2 Möhren, 1 Aubergine, 1 Zucchini,
1 EL Sesamöl, 2 EL neutrales Öl

1.
Das Fleisch am besten bereits vom Metzger mit der Maschine in knapp halbzentimeterdünne Scheiben schneiden lassen.

2.
Die Zutaten für die Marinade verrühren und über die in einer flachen Schale etwas auseinandergebreiteten Fleischscheiben gießen. Mindestens eine Stunde bei Zimmertemperatur, im Kühlschrank auch über Nacht einziehen lassen.

3.
Zwiebeln in Ringe hobeln, Möhren, Aubergine und Zucchini in dünne Scheiben schneiden – alles auf einer Platte hübsch anordnen und jeweils mit einem Gemisch aus Sesam- und neutralem Öl einpinseln.

4.
Bei Tisch brät oder grillt sich jeder seine Fleischportion und Gemüsestücke nach eigenem Gusto. Dazu wird Reis serviert und natürlich Kim-chi (Seite 93).

Kim-chi

Dieser selbsteingelegte Kohl hat einen eigenen Reiz und lohnt ein wenig Mühe. Man ißt ihn wie wir unsere sauren Gurken zu allen herzhaften Gerichten. Solange es draußen kühl ist, kann man den Steinguttopf auf dem Balkon aufbewahren, wo sich Kim-chi wochenlang frisch hält. Bei Temperaturen oberhalb von 12 Grad allerdings sollte man den Topf besser in den Kühlschrank stellen. Hier die Zutatenmenge für eine vergleichsweise kleine Portion zum Probieren. Wer mag, bereitet dann einen großen Topf voll ...

1 großer Chinakohlkopf (ca. 1 kg), 1 Handvoll Salz, Cayennepfeffer, 2 Bund Frühlingszwiebeln, 3–4 frische rote Chilischoten, 6–8 Knoblauchzehen, 2 walnußgroße Stücke Ingwer, 1/4 l Wasser, nach Belieben auch noch 2 Sardellen

1.

Den Kohlkopf in einzelne Blätter zerlegen, sie waschen und gründlich, am besten zwischen Küchentüchern, abtrocknen. In zigarettenschachtelgroße Stücke schneiden, dabei die harten Strünke entfernen.

2.

Die Blattstücke in einen Steingut-, Steinzeug- oder Keramiktopf schichten, dabei jede Schicht großzügig mit Salz sowie mit einer Spur Cayennepfeffer bestreuen. Zuerst mit Klarsichtfolie, dann mit stabiler Alufolie, schließlich einem möglichst exakt passenden Deckel zudecken, ihn mit einer Konservendose oder einem Stein beschweren. Den Kohl etwa eine Woche zum Reifen kalt stellen.

3.

Dann die Blätter unter fließendem Wasser abspülen und alles Salz entfernen.

4.

Frühlingszwiebeln und entkernte Chili in schmale Ringe schneiden, Knoblauch und Ingwer fein würfeln.

5.

Die abgetropften Kohlstücke in den peinlich sauber ausgespülten Topf schichten, Frühlingszwiebeln, Chili, Knoblauch und Ingwer dazwischenstreuen.

6.

Etwas Wasser darübergießen – eventuell die Sardellen vorher mit dem Wasser mixen.

7.

Zudecken und eine weitere Woche reifen lassen.

Rindfleisch mit Rettich und Gurke

Für vier Personen:
250 g Rinderlende (ohne Haut und Sehnen) am Stück, 2 TL Sesamöl, 3 EL Sojasauce, Salz, Pfeffer, Cayennepfeffer, 1/2 TL Zucker, 1 kleine Gärtnergurke, 1 (möglichst roter) Rettich, 2 EL neutrales Öl, 2 EL geröstete Sesamsamen

1.

Das Fleisch quer zur Faser in hauchdünne Streifen schneiden, diese jeweils auf die Hälfte kürzen. Mit Sesamöl, 1 Eßlöffel Sojasauce, Salz, Pfeffer, Cayennepfeffer und Zucker vermischen und eine Stunde (oder länger) marinieren.

2.

Die Gurke ungeschält längs halbieren, die Kerne mit einem Löffel herausschaben, die Gurkenhälften in nicht zu dünne Scheiben hobeln.

3.

Den Rettich waschen und putzen, dabei die hübsche rote Haut möglichst unversehrt lassen. Den Rettich in ebenso starke Scheiben wie die Gurke schneiden.

4.

Die Fleischscheiben nacheinander im rauchend heißen Öl sekundenlang anbraten, die Gurken- und Rettichscheiben zufügen. Alles auf stärkster Flamme ein bis zwei Minuten pfannenrühren, dabei mit der übrigen Sojasauce, Salz, Zucker und Pfeffer würzen. Zum Schluß mit Sesamsamen bestreuen und zusammen mit gekochtem Reis servieren.

Glasnudeln mit Fleisch und Gemüse

Das Gericht schmeckt nicht nur heiß, frisch aus der Pfanne, sondern auch kalt beziehungsweise lauwarm. Es eignet sich daher auch wunderbar, in größeren Mengen zubereitet zu werden und ist dann ein ideales Partyessen.

Für sechs Personen:
250 g gleichmäßig durchwachsener, frischer Schweinebauch, 200 g Rinderlende, 150 g Hähnchenbrust
Marinade:
je 2 TL feingehackter Knoblauch und Ingwer, 1 EL Sesamöl, 2 EL Sojasauce, Salz, Pfeffer, Cayennepfeffer, 1/2 TL Zucker
Außerdem:
100 g Glasnudeln, 3–4 EL getrocknete chinesische Morcheln (Mu-Err-Pilze), 2 Möhren, 100 g Bambussprossen, 2 Lauchstangen, 1 Bund Frühlingszwiebeln, 200 g Spinatblätter, 100 g frische Sojakeime, 1 EL Sesamöl, 4 EL neutrales Öl, Salz, Pfeffer, Cayennepfeffer, Zucker, 3–4 EL Sojasauce, 2 EL Reiswein oder Sherry, 4 EL geröstete Sesamsamen
Omelettstreifen:
3 Eier, 1 EL Sojasauce, 1 TL Sesamöl, eine Prise Zucker, Salz, Pfeffer, Cayennepfeffer, Öl zum Braten

1.
Den Schweinebauch in sehr dünne Scheiben, diese in zweifingerbreite Streifen schneiden. Das Rindfleisch in halbzentimeterstarke Streifen und diese wiederum in fünfzentimeterlange Stücke schneiden. Das Hähnchenfleisch in kleine Würfel schneiden.

2.
Die Zutaten für die Marinade verquirlen und gleichmäßig auf die drei Fleischsorten verteilen, gut einmassieren und ziehen lassen.

3.
Glasnudeln und getrocknete Pilze getrennt mit kochendem Wasser überbrühen und eine halbe Stunde einweichen. Die Glasnudeln mit einer Schere in kurze Stücke schneiden. Die Morcheln putzen, feste und zähe Teile entfernen.

4.
Möhren und Bambus streichholzfein stifteln, Lauch und Frühlingszwiebeln in schmale Ringe schneiden, Spinat von dicken Stielen säubern und die Sojakeime waschen.

5.
Sesam- und neutrales Öl im Wok erhitzen, zuerst das Fleisch darin kräftig anbraten, schließlich die Gemüse darin nacheinander, immer nur portionsweise, rasch unter Rühren braten, bis ihre Farbe leuchtet, dabei jeweils mit Salz, Pfeffer, Cayennepfeffer und Zucker würzen.

6.
Zum Schluß die abgetropften Glasnudeln im restlichen Öl anbraten, die abgetropften Pilze zufügen und nunmehr alle Bestandteile des Gerichts miteinander mischen, dabei mit Sojasauce, Reiswein oder Sherry und Sesamsamen würzen.

7.
Für die Omelettstreifen die Eier mit den angegebenen Zutaten verquirlen, in einer geölten Pfanne hauchdünne Omeletts backen. Diese aufrollen und in feine Streifen schneiden. Zum Schluß vorsichtig unter das Nudelgericht mischen.

Koreanische Nudeln

Sie sind den japanischen Nudeln sehr ähnlich. Die weißen, spaghettidünnen *Somen* aus Weizenmehl, Wasser und ein wenig Salz werden mit Streifen von dunklem Tang gebündelt verkauft. Man schätzt sie im Suppentopf oder in der Brühe vom Shabu Shabu als Einlage. Glasnudeln werden aus Mungobohnen hergestellt und wirken dann weiß (rechts) oder aus Algen und bekommen dadurch einen bräunlichen Farbton. Geschmacklich ist der Unterschied gering.

Suppe vom marinierten Ochsenschwanz

Die konzentrierte, ingwer- und sojasaucenduftende, klare Fleischbrühe wird in Tassen serviert, das vom Knochen gelöste Fleisch wird mit einer Dip-Sauce beträufelt dazu gereicht.

Für vier bis sechs Personen:
1,5 kg Ochsenschwanz (vom Metzger bereits in Stücke gehackt), 3–4 EL Sojasauce, 30 g Ingwer, 2–3 getrocknete Chilischoten, 2 Lorbeerblätter, je 1 TL Salz und schwarze Pfefferkörner, 1 Zwiebel, 3 Frühlingszwiebeln
Dipsauce:
3 Frühlingszwiebeln, 4–5 Knoblauchzehen, 1 daumengliedgroßes Stück Ingwer, 1 kleine getrocknete Chilischote, 3 EL Sojasauce, 1 EL Sesamöl, 1–2 EL Brühe, schwarzer Pfeffer, 1/2 TL Zucker, 1 EL geröstete Sesamsamen

1.
Die Ochsenschwanzstücke in einen Suppentopf legen, mit Sojasauce kurz marinieren. Grob gehackten Ingwer, Chilischoten, Lorbeerblätter, Salz, Pfeffer und in Ringe gehobelte Zwiebel zufügen. Mit Wasser großzügig bedecken und ohne Deckel langsam zum Kochen bringen.

2.
Sobald der Schaum, der sich zunächst an der Oberfläche gebildet hat, verschwunden ist, die Hitze herunterschalten, den Topf verschließen, den Ochsenschwanz etwa zwei Stunden ganz sanft garziehen lassen.

3.
Für die Dip-Sauce die Frühlingszwiebeln in feine Ringe schneiden, Knoblauch und Ingwer fein würfeln, die Chilischote entkernen und fein zerbröseln, mit Sojasauce, Sesamöl und einem Schuß Brühe verrühren. Den Dip mit Pfeffer und Zucker würzen, zum Schluß die Sesamsamen untermischen.

4.
Das Ochsenschwanzfleisch von den Knochen lösen. Auf einer Platte anrichten und mit der Dip-Sauce übergießen.

5.
Die Brühe durch ein Sieb filtern, die in feine Ringe geschnittenen Frühlingszwiebeln zufügen und dampfend heiß servieren.

Gegrillter Fisch

Natürlich spielen Fisch und Meeresfrüchte im meerumspülten Korea eine bedeutende Rolle. Am liebsten ebenfalls mariniert und dann über Holzkohle gegrillt. Eine gute Rezeptidee fürs Gartenfest – der nächste Sommer kommt bestimmt!

Für vier bis sechs Personen:
3 Portionsfische (es eignet sich nahezu alles, von der Makrele bis zur Forelle), 6 Riesengarnelenschwänze, ca. 350 g Fischfilet (zum Beispiel Rot- oder Goldbarsch), 1 EL Sesamöl, 4 EL Sojasauce, 1 TL Zucker, je 1 EL feingehackter Knoblauch und Ingwer, Cayennepfeffer, 3–4 EL geröstete Sesamsamen, Öl zum Einpinseln des Grills oder der Grillplatte

1.
Die gründlich gereinigten Fische und Garnelen in eine flache Schale füllen, das Fischfilet in zweifingerbreite Streifen geschnitten in eine zweite Schüssel geben.

2.
Die restlichen Zutaten für die Marinade, einschließlich der Sesamsamen, verrühren und gerecht auf die beiden Schüsseln verteilen. Gut einmassieren und ziehen lassen.

3.
Die Grillplatte oder den Grillrost einölen und die Fische, Garnelen und Filets darauf grillen. Die Filetstücke dabei immer wieder mit Marinade einpinseln und darauf achten, daß die Stücke saftig bleiben – sie sind in kürzester Zeit gar!

Malaysia

Curries und Rempahs: Hier ist Essen reinste Medizin

Abdullah hatte uns den ganzen Tag auf der Insel herumgefahren, uns die entzückenden viktorianisch ziselierten Holzhäuser gezeigt, die für Penang typisch sind, wie Pfahlbauten auf Stelzen gebaut, inmitten üppig blühender Gärten; wir hatten uns im Schlangentempel vor den grünlich schillernden, armdicken Schlangen gegraust, waren mit der Zahnradbahn auf den Penang Hill gefahren, hatten den Thai-Tempel besichtigt (Photo links) – kurz: wir hatten das touristische Programm absolviert. Und für den nächsten Tag hatte Abdullah, unser malaysischer Fahrer, versprochen, uns zum Markt von Georgetown zu führen, wo er unsere Neugier auf Gewürze, Gemüse und Gerichte besser würde beantworten können. Aber diesen Abend noch, so verkündete er feierlich, seien wir seine Gäste, seine Frau habe für uns gekocht.
Wir waren pünktlich zur Stelle, entledigten uns unserer Schuhe, wie sich das gehört, wenn man das Haus eines Malaysiers betritt. Die pompöse Sitzgruppe, auf der wir Platz nahmen, hätte auch in einer europäischen Wohnung stehen können. Die Drinks, die serviert wurden, waren eher amerikanisch: viel Eis und reichlich Prozente. Wir hatten Hunger, aber außer einer Schale mit köstlichen Macadamianüssen, *Buah Keras*, haselnußdicken, knackigen, fast sahnigmilden Nüssen, war nichts Eßbares in Sicht. Es duftete auch nichts...
Endlich, der Whisky stieg bereits zu Kopf, wurden wir in den Nebenraum gebeten. Eine riesige, den runden Tisch vollkommen bedeckende Aluminiumhaube wurde gelüftet und darunter: jede Menge Schüsseln, Schälchen, Näpfe, Platten und eine gewaltige Wolke verführerischer Gerüche! Madame hatte den ganzen Tag in der Küche verbracht. Reis wurde in einer großen Schüssel dampfend hereingetragen. Die Gerichte aber waren jetzt nicht mehr heiß. Wir begriffen auch gleich, warum. Unser suchender Blick rechts und links neben dem Teller wurde mit einem Lächeln beobachtet: »Wir brauchen kein Besteck. Wir essen mit der Hand.« Ganz einfach: Man nimmt mit den Spitzen der rechten Hand (das ist wichtig, denn die linke gilt als unrein!) etwas Reis, formt ihn elegant zu einem Bällchen, stippt mit diesem Fleisch, Gemüse und Sauce auf und führt es zum Mund. Es sieht tatsächlich ganz einfach und durchaus zierlich und wohlerzogen aus; sobald man es jedoch als Europäer selbst probiert, ist man im Nu über und über mit Sauce bekleckert, sie läuft den Arm hinab, die Bröckchen rutschen zwischen den Fingern hindurch – es ist einfach *furchtbar*!
Und wenn dann doch ein Bissen den Mund erreicht, das nächste Entsetzen: Die Schärfe verschlägt uns den Atem, Flammen scheinen aus dem Mund zu schlagen, die Speiseröhre brennt bis in den Magen hinab.
Gottlob glätteten sich unsere aufgewühlten Geschmacksknospen bald wieder, und langsam kehrte das Empfinden wieder zurück.
»Übrigens – es brennt raus wie rein«, kicherte Abdullah als er sah, wie wir mit Appetit zulangten. »Morgen werden Sie noch einmal an uns denken...« Er hatte recht!
Gewürze dienen, so dozierte er, in sämtlichen Küchen Südostasiens durchaus nicht nur dem Wohlgeschmack, sondern haben Einfluß auf die Gesundheit und das Wohlbefinden. Das ist längst wissenschaftlich nachgewiesen. Pfeffer und Nelken beispielsweise helfen bei Verdauungsstörungen, Nelken wirken außerdem schmerzlindernd (sie nützen tatsächlich gegen Zahnweh!), Chili unterstützen die Arbeit der Leber und wirken obendrein aseptisch, Gelbwurz ist gut gegen Hautkrankheiten, und Ingwer nützt bei Blähungen und angeblich sogar gegen Rheuma; mit Kardamom läßt sich Übelkeit, Kopfweh und Fieber bekämpfen; Koriander, last but not least, tut gut bei Schlaflosigkeit und Verstopfung.
Dennoch kommt niemand auf die Idee, gegen die einzelnen Beschwerden die entsprechenden Gewürze als Medizin zu sich zu nehmen, schließlich verspeist man mit der täglichen Mahlzeit jeweils eine ausgewogene Mischung davon – zum Vergnügen und mit Genuß.

WICHTIGE GEWÜRZE UND ZUTATEN

Curry ist kein Gewürz, sondern der Name für das ganze Gericht. Es leitet sich vom Hinduwort *kari* für *Sauce* ab.

Chili werden frisch (grün oder rot) sowie getrocknet verwendet. Letztere weicht man vor dem Verarbeiten in heißem Wasser ein.

Zitronengras und **Galgant,** die etwas bitter schmeckende Schwester des Ingwer (beides siehe Seite 133), spielen in den malaysischen Curries eine wichtige Rolle.

Desgleichen **Gelbwurz** (siehe Photo links oben): Ebenfalls ein Mitglied der Ingwerfamilie, wird am liebsten frisch für Würzpasten verwendet, die dann die Saucen leuchtend gelb einfärben. Beliebt für mildere Curries, die mit Kokossahne und Macadamianüssen zubereitet und herrlich cremig sind.

Tamarinde, der säuerliche, eingedickte Saft einer Tropenbaumfrucht – ein Gewürz, das man auch aus der Thaiküche kennt. Tamarinde findet auch in indischen Curries Verwendung. Man kann sie durch Zitronensaft ersetzen.

Garnelenpaste: Gehört messerspitzenweise dazu und verleiht den Gerichten einen Hauch von Meerduft (läßt sich durch Sardellenpaste ersetzen).

Rempah (Photo oben rechts) heißt in Malaysia, was in Indonesien das **Sambal** ist: die Würzpaste, die man als Basis für nahezu alle Curries braucht. Die Gewürze variieren je nachdem, ob Rindfleisch, Huhn oder Fisch Hauptzutat sind (Schweinefleisch wird praktisch nie gegessen, weil die meisten Malaien Moslems sind), und werden möglichst stets frisch im Mörser gemischt oder im Zerhakker der Küchenmaschine gemixt. Häufige Basis: Tomaten, Ingwer, Knoblauch (auf dem Bild die Teller rechts und vorn). Die allereinfachste Form des Rempah sind Zwiebelringe und frische Chili (Teller links), oder in Erdnußöl geröstete Zwiebeln und Chili, nach Belieben mit Ingwer und Knoblauch gewürzt (Teller oben).

Kokossahne: Es handelt sich dabei nicht um die transparente Flüssigkeit, die in der Kokosnuß schwappt – die man auch fälschlicherweise Kokosmilch nennt. Dieses ist vielmehr sogenannter Kokossaft, der übrigens köstlich erfrischend schmeckt. Kokossahne ist eine sehr fettreiche, milde Flüssigkeit, die aus frisch geraspelten Kokosflocken gewonnen wird, wenn man sie mit kochendem Wasser überbrüht und fest durch ein Sieb und Tuch ausdrückt. Diesen aromatischen Auszug kennt man bei uns vorzugsweise von exotischen Drinks, in vielen Küchen Südostasiens verwendet man sie gern zum Kochen – ganz ähnlich wie wir die von der Milch abgeschöpfte Sahne. Kokossahne selber herzustellen macht eine nicht unbeträchtliche Mühe. Man muß das Fleisch aus der Nuß lösen, die braune Haut vom weißen Fleisch entfernen, es raspeln.

Guten Ersatz bietet **pulverisierte Kokossahne**, die man in Asienläden kaufen kann. Man braucht sie nur noch in die Sauce zu rühren und mitzukochen. Gut ist auch zum **Block** gepreßte Kokossahne, die mit Wasser aufgelöst zum Kochen verwendet werden kann.

Aus der **Dose** kann Kokossahne einen gewissen Metallgeschmack nicht leugnen – auch wird sie häufig gesüßt angeboten und ist dann zum Kochen kaum geeignet.

Klare Würzsuppe mit Sardellen

Für vier bis sechs Personen:
2 grüne Chilischoten, 2 Schalotten, 2 Knoblauchzehen, je 1 zentimetergroßes Stück Galgant- und Ingwerwurzel, 1 Stengel Zitronengras, je 1 TL Tamarinden- und Garnelenpaste, 250 g frische Sardellen (oder kleine Weißfische), Salz, Korianderblätter

1.
Die Chili längs aufschlitzen, am Stiel sollten sie noch zusammenhaften, und entkernen. Schalotten, Knoblauch, Galgant- und Ingwerwurzel feinhacken. Das dicke Ende vom Zitronengras mit dem Fleischklopfer zermusen. Alles in einen Topf füllen.

2.
Tamarinden- und Garnelenpaste in 3/4 l heißem Wasser auflösen und in den Topf gießen. Die Suppe zugedeckt etwa zehn Minuten leise köcheln.

3.
Die inzwischen geputzten Fische nach Belieben vom Kopf befreien, in den Sud geben, einmal aufkochen und schließlich neben dem Feuer noch einige Minuten ziehen lassen. Nach Geschmack mit Salz nachwürzen. Großzügig von den Stielen gezupfte Korianderblätter einrühren.

Gegrillte Makrele

Eine Garmethode, die sich auch für alle anderen Arten von festfleischigen Portionsfischen gut eignet. Statt des Bananenblatts, das man in Malaysia benutzt, um das empfindliche Fischfleisch vor zu großer Hitze zu schützen, kann man auch Weißkohlblätter verwenden, die man auch mitessen kann.

Für vier bis sechs Personen (Bild Seite 96/97):
2 taufrische Makrelen, je ca. 350 g schwer, Salz, 1/2 TL gemahlener Gelbwurz, 2–3 EL Öl, 4–6 große Weißkohlblätter

1.
Die Fische putzen. An ihrer Außenseite schräg drei bis vier parallele Schnitte anbringen, die fast bis zu den Gräten dringen sollten. Fische mit Salz einreiben.

2.
Gelbwurz und Öl verrühren. Die Blätter so ausbreiten, daß sie zwei Unterlagen für die Fische bilden. Die Innenseite mit dem Gelbwurzöl einpinseln. Die Fische jeweils daraufbetten und darin einhüllen.

3.
Über Holzkohlenglut etwa 30 Minuten grillen. Währenddessen alle 10 Minuten wenden.

Garnelen in Chilisauce

Für vier bis sechs Personen (Bild Seite 96/97):
Würzpaste:
20 getrocknete rote Chilischoten, 2 mittelgroße Zwiebeln,
2–3 Knoblauchzehen, 1 TL Garnelenpaste
Außerdem:
4 EL neutrales Öl, Salz, 1 TL Zucker,
1 TL Tamarindenpaste,
500 g geschälte, rohe Garnelenschwänze

1.
Die Chili in warmem Wasser einweichen (wer die Schärfe etwas mildern will, entkernt sie zuvor). Schließlich mit den grob zerkleinerten Zwiebeln, Knoblauchzehen, Garnelenpaste und einer halben Tasse Einweichwasser im Mixer zermusen.

2.
Im Wok oder in einer tiefen Pfanne das Öl erhitzen, erst dann die Würzpaste zufügen und unter Rühren anrösten. Salz und Zucker zufügen. So lange köcheln, bis eine dicke Sauce entstanden ist.

3.
Tamarinde (oder Zitronensaft) mit etwas Wasser auflösen und in die Sauce rühren. Etwa eine Minute leise köcheln lassen.

4.
Die Garnelen putzen: dafür längs den Rücken aufschlitzen, den schwarzen Darm, der nun freiliegt, entfernen, die Garnelen waschen und in die Sauce legen - so, daß sie überall davon bedeckt sind. Zwei bis drei Minuten in der Sauce leise ziehen lassen, dabei immer wieder rühren und wenden, damit nichts ansetzt.

Huhn in gelber Sauce

Für vier bis sechs Personen (Bild Seite 96/97):
Würzpaste:
12 getrocknete, rote Chilischoten,
1 Stück frischer Gelbwurz von 2 cm Länge,
4 Macadamia- oder 6 Cashewnüsse, 1 große Zwiebel
Außerdem:
1 schöne Poularde (ca. 1,5 kg), 4 EL Öl,
1 Stengel Zitronengras, 1 Stück Galgant, Salz, Pfeffer,
ca. 3/4 l Kokossahne (aus ca. 500 g geriebener Kokosnuß hergestellt oder als Fertigprodukt),
etwas Limonensaft

1.
Für die Würzpaste die Chili mit kochendem Wasser überbrühen und eine halbe Stunde einweichen. Mit Gelbwurz, Nüssen und Zwiebel im Mixer pürieren, dabei soviel Einweichflüssigkeit zufügen wie nötig, damit eine Paste entsteht.

2.
Das Huhn in zehn mundgerechte Stücke schneiden: dafür zunächst halbieren, die Schenkel abtrennen und in Ober- und Unterschenkel teilen, die Flügel abschneiden und das Bruststück quer durchtrennen.

3.
Das Öl im Wok oder in einer tiefen Pfanne erhitzen. Die Würzpaste darin anrösten. Die Hühnerstücke zufügen und langsam anbraten, dabei immer wieder drehen, bis sie rundum von Würzpaste überzogen sind.

4.
Zitronengras und Galgant mit dem Fleischklopfer flachschlagen und in die Pfanne geben. Mit Salz und Pfeffer würzen und mit Kokossahne auffüllen.

5.
Etwa 20 bis 25 Minuten leise im offenen Topf köcheln, dabei immer wieder umrühren, damit nichts ansetzt und die Kokossahne nicht ausflockt.

6.
Zum Schluß mit Limonensaft abschmecken.

Wenn Garnelen wirklich frisch sind, kann man sie einfach im Wok in heißem Öl rasch zwei Minuten unter Rühren braten, dabei salzen und großzügig pfeffern. Den Pfiff geben dazu verschiedene Rempahs beziehungsweise Sambals als Dipsauce

Lamm in Zitronensauce

Von dieser Würzpaste (wie natürlich auch von jenen aus den anderen Rezepten auf den vorigen Seiten) kann man gut auch eine größere Menge zubereiten. In einem Schraubglas hält sie sich im Kühlschrank ohne weiteres mehrere Wochen frisch.

Für vier bis sechs Personen (Bild Seite 96/97):
Würzpaste:
12 getrocknete Chili, 2 Knoblauchzehen,
1 walnußgroßes Stück Ingwerwurzel
Außerdem:
500 g Lammschulter (ohne Knochen), 1 TL Zucker, Salz,
3 festfleischige Tomaten, 2 Zitronen,
4–5 EL Öl, 1 große Zwiebel

1.
Die Chili nach Belieben entkernen und in heißem Wasser einweichen. Schließlich mit Knoblauch und Ingwer sowie drei bis vier Eßlöffel Einweichflüssigkeit im Mixer fein pürieren.

2.
Das Lammfleisch in halbzentimeterstarke Scheiben schneiden, diese auf Streichholzschachtelgröße zuschneiden. In einer Schüssel mit der Würzpaste gründlich vermengen. Dabei mit Zucker und Salz würzen.

3.
Die Tomaten häuten, entkernen und in Stücke schneiden. Zusammen mit dem ausgepreßten Zitronensaft unter das Fleisch mischen.

4.
Das Öl im Wok oder in einer tiefen Pfanne erhitzen. Den gesamten Schüsselinhalt zufügen. Langsam ohne Deckel etwa 15 bis 20 Minuten schmoren, bis fast alle Flüssigkeit verdampft ist und sich an der Oberfläche ein Ölfilm absetzt.

5.
Inzwischen die Zwiebel in Ringe hobeln, über den Curry streuen und in diesem Ölfilm noch einige Minuten mitrösten.

6.
Zum Schluß alles sorgsam mischen.

Philippinen

Die Küche der Philippinen – wahrhaft multikulturell

Das paradiesische Inselgewirr östlich des südchinesischen Meeres lag immer schon überaus günstig im Weg. Weltumsegler, Handeltreibende und Eroberer aus der ganzen Welt kamen hier vorbei und sind offenbar nur zu gerne geblieben. Händler aus Malaysia, Indonesien oder China brachten ihre Sitten und Gewohnheiten mit.

Später eroberten die Spanier das Gebiet, machten, wie die Geschichtsschreibung kühl notiert, den ständigen Stammesfehden ein Ende und prägten für mehr als 300 Jahre die soziale Struktur. So sind die von Magellan entdeckten Philippinen – die ihren Namen übrigens Philipp II. verdanken – das einzige katholische Land in Asien. Immer noch ist Spanisch neben Englisch wichtigste Unterrichtssprache. Und auch der Küchenzettel liest sich auf großen Strecken spanisch. Islam und Buddhismus spielen kaum eine Rolle; daher gibt es keinerlei kulinarische Beschränkungen. Rindfleisch gehört ebenso auf den Speiseplan wie Schwein, Huhn oder Lamm, natürlich Fisch in jeglicher Weise, Gemüse und Obst in üppiger Fülle. Kurze chinesische, niederländische und britische Besatzung haben natürlich ebenfalls kulinarische Spuren hinterlassen. Und nachdem die Philippinen Ende des letzten Jahrhunderts nach dem spanisch-amerikanischen Krieg an die USA fielen, kam auch noch deren *way of life* hinzu. So ist die philippinische Küche ein Schmelztiegel, in dem sich malaysische, indonesische, chinesische, spanische und amerikanische Traditionen und Bräuche zu einem brodelnden, multikulturellen Eintopf vermischt haben.

Wie überall in Asien ist Reis die Grundlage – die schönsten Reisterrassen der Welt, die auch als das achte Weltwunder gelten, befinden sich auf der philippinischen Hauptinsel Luzon. Duftig weißer Reis gehört zusammen mit gegrilltem Fisch, würziger Wurst oder gebratenem Ei bereits zum traditionellen Frühstück. Man trinkt dazu keinen Tee, wie sonst in Asien, sondern bevorzugt starken Kaffee oder bittersüßen Kakao. Die urbanere Frühstücksversion ist mit einer Art Brioche, mal salzig mit Käse gefüllt, mal süß mit Guavengelee oder Mangokonfitüre, eher spanisch inspiriert. Zwischen den Mahlzeiten bittet man zur *merienda*, einer Art Imbiß oder Kaffeeklatsch. Dann gibt es kleine knusprige Frühlingsrollen, fritierte Garnelenhäppchen, *empanadas* und zuckersüße Kokostörtchen. Gegessen wird übrigens mit Messer und Gabel vom flachen Teller; in den feineren Familien serviert man auf europäische Weise die einzelnen Gänge der Speisenfolge nach-

einander – ansonsten werden die verschiedenen Gerichte, wie in Asien üblich, auf einmal zu Tisch gebracht. Man liebt *Paella*, nennt Reis *arroz*, feiert große Feste mit einem *lechón*, einem Spanferkel vom Grill; und zum Nachtisch gibt's *leche flan*, der sich vom spanischen Karamelflan durch nichts unterscheidet. Nationalgericht ist jedoch *adobo*, eine Art Ragout, für das man das mundgerecht gewürfelte Fleisch, auch Fisch oder Meeresfrüchte, zunächst in etwas Brühe, Kokosmilch oder einfach Wasser garkocht und erst dann in Fett anbräunt. Es gibt dafür kein präzises, allgemein gültiges Rezept; wichtig ist nur stets für den Geschmack die Verbindung von Knoblauch, Essig und Pfeffer. Oft läßt man das Fleisch damit gewürzt zuerst einige Zeit marinieren, bevor man es in Kokosmilch oder Brühe gart.

Zwanzig, dreißig Meter hoch sitzen die Kokosnüsse im Wipfelschopf der Palmen. Auf schmalen Bambusleitern klettern die Männer in schwindelnde Höhen empor und hauen sie mit ihrer Machete herunter. Mit zwei, drei sicher gesetzten Schlägen ist die dicke gelbe oder grüne Hülle am oberen Ende weggeschlagen und eine kleine Öffnung freigehauen. Jetzt kann man den klaren Saft daraus trinken

TYPISCHE GEWÜRZE

Fischsauce, hier **patis** genannt (von links unten im Uhrzeigersinn), **Sojasauce (toya)** und **Shrimpsauce (bagoog)**, natürlich auch der bekannte Dreiklang Ingwer, Knoblauch und Koriandergrün aus der asiatischen Abteilung sind absolut unerläßlich. Aber auch der Duft von Olivenöl, Lorbeer und sogar Schweineschmalz gehören dazu.

Außerdem **Reisessig, Palmessig** oder **Kokosessig** (gibt's in guten Asienläden), alle mit drei Prozent Säure deutlich milder als unsere Sorten, die man notfalls natürlich auch verwenden kann, vor allem Obst- oder Apfelessig. Man sollte diese aber mit einem Schuß Brühe oder Wasser verdünnen.

Und schließlich **Annatto:** stecknadelkopfgroße, harte, rötliche Samenkapseln verleihen den Gerichten eine leuchtend orange Farbe und einen typischen Duft. Man läßt etwa einen Eßlöffel Samen in zwei bis drei Löffeln heißem Wasser einige Zeit lang ziehen und verwendet nur das nunmehr gefärbte Wasser, nicht die ausgelaugten Samen. Oder man röstet die Samen im Bratfett an und fischt sie mit der Schaumkelle heraus, sobald sie das Öl eingefärbt haben. Findet man in gut sortierten Asienshops.

Wie auch sonst in Südostasien schätzt man im Mörser zerstoßenen **roh in der Pfanne gerösteten Reis** und **gemahlene Erdnüsse** – beides nimmt man sowohl zum Andicken von Saucen als auch zum Überstreuen von Gerichten, um ihnen Biß zu verleihen.

PALMHERZEN

Hierzulande kennt man das zarte weiße Fleisch nur aus der Dose. Es handelt sich um das Mark einer bestimmten Palmenart. Die nur mannshohen Bäume müssen ihr Leben lassen, wenn man ihr Mark ernten will. Eßbar ist vom ganzen Baum nur ein etwa ellenlanges Stück vom Durchmesser eines Fünfmarkstücks, das von vielen Schichten weißer Fasern umhüllt ist. Sobald das schneeweiße Mark mit Luft in Kontakt kommt, verfärbt es sich dunkel und oxydiert auch im Geschmack. Damit es weiß bleibt, muß es sofort in Zitronenwasser oder in ein Ölbad gelegt werden. Das frische Palmherz ist von herrlich knakkiger und zugleich zarter Konsistenz, sein Geschmack erinnert ein wenig an junge Schälnüsse.

Die geleerte Nuß wird schließlich einmal längs durchgehackt und in zwei Hälften geteilt

So gelangt man an das Fruchtfleisch. Je jünger die Nuß, desto weicher und schmelzender das Fleisch

Roh »gekochter« Fisch

Tatsächlich ist der Fisch im Grunde roh, wird lediglich mit Zitronensaft beträufelt; dadurch koaguliert, also gerinnt das empfindliche Eiweiß, wirkt opakweiß, als ob es gar sei, und bekommt eine festere Struktur. Es versteht sich, daß dies nur mit absolut taufrischem Fisch ein Genuß ist! Es eignen sich alle Plattfische, aber auch Rotbarsch, Thunfisch, Lachs, sogar Süßwasserfische, wie zum Beispiel Forellen.

Für vier Personen:
350 g Fischfilet, 1 Zitrone, Salz, 1 Kopfsalat,
je 1/2 rote, grüne und gelbe Paprikaschote,
1 kleine Gärtnergurke, 1 Fleischtomate
Marinade:
je 1 TL feingehackter Knoblauch und Ingwer,
4–5 EL dicke Kokossahne, 1–2 EL Fischsauce, Salz,
Pfeffer, Korianderblätter

1.
Das Fischfilet sorgfältig von Haut und Gräten säubern. In knapp zweizentimetergroße Würfel schneiden. In eine Schüssel füllen, mit etwas Zitronensaft beträufeln und vorsichtig salzen. Etwa eine Stunde im Kühlschrank marinieren.

2.
Inzwischen die Salatblätter waschen. Mit den äußeren eine Platte auslegen. Die Herzblätter in breite, die entkernten Paprikaschoten in feine Streifen schneiden. Die Gurke schälen, entkernen und dünn hobeln. Die Tomate häuten, entkernen und in kleine Würfel schneiden.

3.
Zutaten für die Marinade verquirlen, dabei den restlichen Zitronensaft vom marinierten Fisch zufügen.

4.
Fischwürfel und Gemüsezutaten mit der Marinade vorsichtig mischen und auf der vorbereiteten Platte hübsch anrichten. Zum Schluß mit Korianderblättern großzügig bestreuen.

Fische leuchten im tropisch hellen Licht: die schlanken, eleganten Hornhechte kennt man auch aus europäischen Meeren; viele der exotischen Fische kann man immer öfter auf unseren Märkten finden – frisch eingeflogen

Garnelen mit Palmherzen

Für vier Personen (Bild Seite 104/105):
300 g Garnelenschwänze (geschält), 1 TL Speisestärke,
1 Zwiebel, 1 Lauchstange, 2–3 Knoblauchzehen,
2 Möhren, 3-4 Stengel Bleichsellerie,
1 Dose Palmherzen, 2 feste Fleischtomaten,
2 EL neutrales Öl, Salz, Pfeffer,
1 EL milder Essig, 1 TL Zucker, 1–2 EL Chilisauce,
Brunnenkresse

1.
Die Garnelen waschen, entdarmen und mit der Speisestärke einreiben.

2.
Die Zwiebel und den Lauch in feine Ringe schneiden, den Knoblauch hacken, die Möhren in streichholzfeine Streifen, die Selleriestengel und die Palmherzen in feine Scheibchen schneiden. Die Tomaten häuten, entkernen, das Fleisch in schmale Streifen schneiden.

3.
Im Wok das Öl erhitzen, zuerst die Garnelen darin rasch unter Rühren braten, bis sie rosa geworden sind, dabei salzen und pfeffern. Herausheben und warmstellen.

4.
Nacheinander Zwiebel, Lauch, Knoblauch, Möhren und Sellerie in den Wok geben und zwei Minuten unter Rühren braten, dabei ebenfalls salzen und großzügig pfeffern.

5.
Die Palmherzen zufügen, auch die Garnelen wieder in den Wok geben, alles auf starkem Feuer mischen, dabei mit Salz, Essig, Zucker und Chilisauce kräftig würzen. Mit Brunnenkresse garnieren und sofort zu Tisch bringen.

Garnelen-Beignets mit Kartoffeln

Ein wunderbares Häppchen zum Aperitif; man kann es bequem aus der Hand essen.

Für sechs Personen:
100 g Mehl, 75 g Speisestärke, 400 ml Wasser, 2 Eier, 1 TL Salz, 1/2 TL schwarzer Pfeffer, 1 mittelgroße Süßkartoffel (oder 1 große normale Kartoffel), 100 g Sojabohnenkeime, 400 g ausgelöste rohe Garnelen, 1 Bund Frühlingszwiebeln, Öl zum Ausbacken
Dipsauce:
5 EL milder Reis- oder Kokosessig, 1 EL Sojasauce, 1 EL Fischsauce, 2 EL Frühlingszwiebelringe

1.
Mehl, Stärke, Wasser und Eier miteinander verquirlen, mit Salz und Pfeffer würzen.

2.
Die Kartoffel schälen, in streichholzfeine Stifte hobeln. Sojabohnenkeime gründlich waschen. Die Garnelen längs halbieren, dabei den Darm entfernen. Frühlingszwiebeln in feine Ringe schneiden. Alles in den Teig rühren.

3.
Im Wok oder einem Fritiertopf gut zweifingerhoch Öl erhitzen, jeweils einen Eßlöffel Teig abnehmen, dabei darauf achten, daß möglichst ein Stück Garnele sowie jeweils gleich viel Gemüse erfaßt werden; ins aufrauschende Öl gleiten lassen und mit nicht zu starker Hitze goldbraun backen.

4.
Die Beignets jeweils wenden, damit sie rundum golden werden. Auf Küchenpapier abtropfen lassen. Dazu einen Dip servieren, der aus den angegebenen Zutaten angerührt wurde.

Hähnchen-Adobo in Kokossauce

Für vier bis sechs Personen:
1 Hähnchen von ca. 1200 g, 1/4 l Wasser, 3–4 EL Reis- oder Apfelessig, 2 Lorbeerblätter, 4 Knoblauchzehen, 2 Schalotten, 1 TL schwarze Pfefferkörner, 1/2 TL Annattosamen, 1/2 TL Salz, 2 EL Sojasauce, 2 EL Hühnerfett oder Öl, 1/10 l konzentrierte Kokossahne (Dose oder dehydriert), Koriandergrün

1.
Das Hähnchen in zehn Portionsstücke schneiden: Zuerst die Keulen abtrennen, sie in Unter- und Oberschenkel zerlegen; den Flügel mit einem Stück Brust abschneiden und die beiden Bruststücke jeweils einmal längs und noch einmal quer halbieren.

2.
Die Hähnchenstücke in einen flachen Topf legen, mit Wasser knapp bedecken. Essig, Lorbeerblätter, gehackten Knoblauch und Schalotten sowie Gewürze, einschließlich der Sojasauce, zufügen. Zugedeckt etwa 35 bis 40 Minuten köcheln.

3.
Die Hähnchenstücke aus dem Topf nehmen. Den Kochsud mit der Kokossahne mischen, zusammen um ein gutes Drittel einkochen, bis die Sauce dick und cremig ist. Schließlich durch ein Sieb filtern.

4.
Das Hühnerfett oder Öl im Topf erhitzen. Die Hähnchenstücke darin auf starkem Feuer scharf auf allen Seiten schön braun braten. Auf einer tiefen Platte anrichten.

5.
Die Kokossauce noch einmal aufkochen und über die Hähnchenstücke gießen. Großzügig mit zerzupften Korianderblättern bestreuen und mit lockerem, weißem Reis servieren.

Auf den Märkten oder einfach am Rand belebter Straßen kann man knusprige, duftende Krapfen frisch aus dem Fettopf kaufen – als Snack für unterwegs

Lumpia – Frühlingsrollen

Die Hüllen für diese Teigrollen kaufen Sie am besten im Asienshop tiefgekühlt. Es handelt sich dabei um hauchdünne Teigblätter, wie sie die Chinesen lieben, die ähnlich dem arabischen Brick-Teig sind und besonders gut schmecken, wenn sie gebacken werden. Für die roh zu essenden Frühlingsrollen sind sie weniger geeignet. Dafür sollte man lieber die transparenten Reisteigblätter kaufen, die man auch für vietnamesische oder thailändische Frühlingsrollen nimmt und vor Verwendung mit Wasser besprühen und einweichen muß. (Siehe auch Warenkunde Seite 160). Man kann aber auch einfach hauchdünne Pfannkuchen selber backen. Zum Beispiel nach folgendem Rezept:

Teighüllen:
150 g Mehl, 1/2 TL Salz, 3 Eier, 1/4 l Wasser,
Schweineschmalz zum Backen
Füllung:
200 g Hähnchenbrust, 200 g Schweinefilet,
200 g ausgelöste Garnelen, 1 TL Speisestärke,
3 Knoblauchzehen, 1 daumengliedgroßes Stück
Ingwerwurzel, 1 Zwiebel, 1 dicke Möhre,
200 g Chinakohl, 3 Selleriestengel, 3–4 Frühlingszwiebeln,
200 g Sojabohnenkeime, 2 EL neutrales Öl,
1 EL Sesamöl, Salz, Pfeffer, Zucker,
2 EL Sojasauce
Für fritierte Rollen:
1 EL Eiweiß zum Festkleben, Öl zum Ausbacken
Für rohe Rollen:
1 Kopfsalat, 1 Bund Koriandergrün,
Dipsauce:
2 EL Honig, 5 EL Sojasauce, 1/8 l Hühnerbrühe,
je 1 TL gehackter Ingwer und Knoblauch,
2 Frühlingszwiebeln

1.
Mehl, Salz, Eier und Wasser miteinander verquirlen, damit ein glatter, dünnflüssiger Teig entsteht. Eine halbe Stunde ruhen lassen, bevor man in einer beschichteten oder eisernen Pfanne hauchdünne Pfannkuchen bäckt. Die Pfanne immer wieder mit Schmalz ausreiben, damit die Pfannkuchen nicht ansetzen.

2.
Unterdessen für die Füllung Hähnchen- und Schweinefleisch in hauchdünne Scheiben schneiden. Die Garnelen längs halbieren, dabei entdarmen; große Exemplare in Stücke schneiden. Fleisch und Garnelen jeweils getrennt mit Stärke überpudern, gut einmassieren.

3.
Knoblauch, Ingwer und Zwiebel schälen und feinhacken. Möhre längs in streichholzfeine, Chinakohl quer in schmale Streifen, Selleriestengel in dünne Scheiben, Frühlingszwiebeln in schmale Ringe schneiden. Sojakeime waschen.

4.
Beide Ölsorten in einer großen Pfanne oder im Wok erhitzen, zunächst beide Fleischsorten, dann die Garnelen jeweils rasch unter Rühren braten, dabei mit Salz, Pfeffer und einer Spur Zucker würzen. Anschließend nacheinander die Gemüse auf ebenso starker Hitze pfannenrühren, dabei ebenfalls würzen.

5.
Zum Schluß alles in der Pfanne mischen und mit Sojasauce abschmecken.

6.
Für fritierte Röllchen jeweils zwei Eßlöffel Füllung in die Mitte einer Teigplatte oder eines Pfannkuchens setzen, zuerst die Segmente oben und unten darüber zusammenschlagen, schließlich zu einer Rolle wikkeln, das Ende mit Eiweiß festkleben. In heißem Öl schwimmend goldbraun ausbacken, dabei die Röllchen immer wieder drehen, damit sie rundum gleichmäßig bräunen.

7.
Für rohe Röllchen auf jeden Pfannkuchen ein Salatblatt legen, jeweils einige Korianderblätter sowie etwas Füllung in die Mitte geben, die Pfannkuchen so aufrollen, daß sie an einer Seite offen sind und die Salatblätter herausschauen.

8.
Für den Dip Honig, Sojasauce und Hühnerbrühe aufkochen, Ingwer, Knoblauch und das in feine Ringe geschnittene Weiße der Frühlingszwiebeln zufügen. Einige Minuten einköcheln.

9.
Das Grün der Frühlingszwiebeln fein schneiden und erst in den abgekühlten Dip rühren.

TIP
Diese Röllchen machen zwar ganz schön viel Arbeit, aber weil sie so köstlich sind, lohnt sich das. Und wenn man schon mal dabei ist: Gleich einen Vorrat herstellen. Man kann sie nämlich einfrieren.

Picadillo – Hackfleischragout mit Kartoffeln

Für vier bis sechs Personen:
5 Knoblauchzehen, 1 Zwiebel, 1 Bund Frühlingszwiebeln, 1 daumengroßes Stück Ingwer, 2 EL Schweineschmalz, 500 g Hackfleisch, Salz, schwarzer Pfeffer, 1 Lorbeerblatt, 1/4 l Fleischbrühe, 2 große Fleischtomaten, 4 mittelgroße Kartoffeln, 1–2 EL milder Essig

1.
Knoblauch, Zwiebel, das Weiße der Frühlingszwiebeln und Ingwer feinhacken. Im Schweineschmalz in einer Kasserolle andünsten.

2.
Das Hackfleisch zufügen, die Hitze nunmehr etwas verstärken, so lange braten, bis das Fleisch seine rohe Farbe verloren hat und krümelig geworden ist.

3.
Salzen, pfeffern, das Lorbeerblatt zufügen, mit Brühe auffüllen und zehn Minuten zugedeckt köcheln.

4.
Inzwischen die Tomaten häuten, entkernen und würfeln. Ebenso die Kartoffeln schälen und in zweizentimetergroße Würfel schneiden. Zum Hackfleisch geben. Zugedeckt etwa 15 bis 20 Minuten schmoren, bis die Kartoffeln weich sind.

5.
Das Lorbeerblatt herausfischen und wegwerfen. Das in feine Ringe geschnittene Frühlingszwiebelgrün statt dessen hineinrühren – vorsichtig, damit die Kartoffelwürfel nicht zerfallen. Mit Essig würzen. Heiß zu Tisch bringen. Auch hierzu paßt Reis; wem das zu ungewohnt ist, reicht Weißbrot dazu.

Mango-Eis

Die Filipinos lieben Eisdesserts – sahnig und cremig müssen sie sein. Kokoseis zum Beispiel läßt sich mit Hilfe einer Eismaschine schnell und mühelos zubereiten: dicke Kokossahne einfach nach Geschmack süßen und in der Eismaschine gefrieren lassen. Da macht Mango-Eis ein bißchen mehr Mühe – die ist es allerdings wirklich wert! Und, ein Vorteil: Man braucht dafür keine Eismaschine.

Für vier bis sechs Personen:
3 Eigelb, 5 EL Zucker, 300 g püriertes Mangofleisch, einige Tropfen Zitronensaft, 200 ml süße Sahne, 1 Tütchen Vanillezucker

1.
Eigelb und Zucker mit dem elekrischen Handrührer oder in der Küchenmaschine zu einer dicken hellen Creme schlagen; es muß sich dabei der Zucker vollständig auflösen, er darf nicht mehr knirschen.

2.
Das Mangopüree (das reife Fleisch im Mixer zerkleinern und anschließend durch ein Sieb streichen) unter die Eiermasse rühren. Mit Zitronensaft abschmecken.

3.
Die Sahne steifschlagen, dabei mit Vanillezucker süßen. Gleichmäßig unter die Mangomasse ziehen.

4.
Eine kleine Kasten- oder halbkugelige Form mit kaltem Wasser ausspülen, die Masse einfüllen, mit Folie zudecken und im Gefrierfach fest werden lassen.

TIP
Zum Servieren das Eis zunächst mit einem spitzen Messer rundum vom Rand lösen, die Form dann blitzschnell in heißes Wasser tauchen und stürzen. Noch leichter macht man es sich, wenn man die Form zuvor mit Klarsichtfolie auslegt – damit läßt sich das Eis bequem herausziehen.

Perfekt gereifte Mangos, das Fleisch flach vom Stein geschnitten und aus der Schale gelöst, sind ein seltenes Vergnügen. Faseriges Fruchtfleisch mixt man daher lieber zum Püree, passiert es durch ein feines Sieb und bereitet daraus eine köstlich fruchtige Eiscreme

Singapur

Stopover in Singapur – der Küche wegen!

Singapur: Drehscheibe des Verkehrs zwischen West und Ost, Nord und Süd, der einen und der anderen Erdhalbkugel. Auch wir legen hier *stopover* ein, bleiben zwei Nächte auf dem Weg nach Hongkong. Der Stadtstaat auf der Malaysia vorgelagerten Insel gilt als die Schweiz des Fernen Ostens, mit höchstem Lebensstandard und effizienter Produktion, ein moderner Industriestaat mit allen seinen Vorzügen und Nachteilen. Singapur liegt so an der Schnittstelle zwischen Vergangenheit und Zukunft. Die Wolkenkratzer sind von amerikanischen Ausmaßen, unmittelbar daneben ducken sich noch Reste feudalen Kolonialismus.
Singapur ist auch: Schmelztiegel der verschiedenen Kulturen und Nationalitäten Südostasiens, längst jedoch mit eigenständiger Prägung. Hauptsächlich, zu fast drei Vierteln, bestimmt durch Chinesen, die bereits vor mehr als 400 Jahren eingewandert sind. Man nennt sie heute *Straits-born*, also hier, rund um die Meerenge (*straits*) zwischen Malacca, Singapur und Penang, geboren, im Gegensatz zu *China-born*, tatsächlich aus China stammend. Der Rest der Einwohnerschaft sind Malaien und zu einem kleinen Teil Inder. Aus der Verbindung mit malaysischen Frauen entstand die eigentliche Ureinwohnerschaft Singapurs, sozusagen malaiisierte Chinesen: die sogenannten *peranakans*. Nach deren Frauen, den *nonyas*, ist die Küche genannt: *Nonya-Küche*, eine Mischung aus chinesischen, malaysischen, auch indischen Bestandteilen. Das Essen ist stets scharf und würzig. Es wird, wie in Malaysia, mit den Fingern oder mit dem Löffel, nicht mit Stäbchen gegessen. Man verwendet wie in der chinesischen Küche Ingwer, Galgant, Gelbwurz, reichlich frische Kräuter und, anders als im Moslemland Malaysia, das von den Chinesen so geschätzte Schweinefleisch. Nudeln gehören zum Speisezettel, nicht nur Reis. Sie gehören auch hier auf die Geburtstagstafel, weil sie ein langes Leben verheißen.
Den Malaien abgeschaut hat man in Singapur die Vorliebe für *Satay*, Bambusspießchen mit Hühnerfleisch, Rind, Lamm oder Garnelen, die zunächst mariniert und dann über Holzkohlenglut gegrillt werden. Sie sind Nationalgericht, und wir essen sie an den zwei kurzen Tagen sechsmal – an den allgegenwärtigen Straßenständen, an denen ständig gebrutzelt und gekocht wird. Legendär sind die nächtlichen Straßenmärkte Singapurs, die ausschließlich zum Essen und Trinken abgehalten werden. Wir sitzen in der samtseidigen, warmen Nacht auf winzigen Hockern und essen

und trinken, wie Tausende von Menschen um uns herum, die ewig zu lachen scheinen und einen Höllenlärm dabei machen. Leider haben die schönsten dieser Freßmärkte viel von ihrem früheren Kolorit eingebüßt, als sie in den siebziger Jahren dem Bauboom haben weichen und sich zwischen Betontürmen erneut hatten installieren müssen: Die Regierung wünschte ein »cleanes« Singapur und fegte in einer gigantischen Aufräumaktion zunächst alles nieder, was Farbe und Glitzer hatte. Weite Teile von Chinatown und Little India, zum Beispiel auch die hinreißende Stahlkonstruktion der k. & k. Markthalle an der Serangoon Road, fielen dabei den Bulldozern zum Opfer. Indes: Bei »Fatty«, dem berühmtesten Straßenkoch Singapurs, der auch schon die Anzeigenphotos der Singapore Airlines schmückte, der inzwischen im Erdgeschoß der stattdessen in Bugrestreet errichteten Wolkenkratzer wieder installiert ist, im neuen »Satay-Club« oder »People's park« tummeln sich die Menschen auch im Schein vom Neonlicht und schmausen, daß es nur so kracht.

Längst hat man eingesehen, daß die Touristen weniger an Wolkenkratzern als an Joseph-Conrad- oder Somerset-Maugham-Atmosphäre interessiert sind. So wurde das »Raffles«, einst die Perle der südostasiatischen Luxushotels, mit viel Aufwand wieder zum Schmuckstückchen restauriert. Der Palmengarten bildet immer noch am Abend eine Oase der Ruhe. Dann nämlich haben die Bustouristen den Programmpunkt »Singapore-Sling« abgehakt und sind wieder verschwunden. Der berühmte rosa Drink, seit mehr als siebzig Jahren ungebrochen beliebt, wird ihnen aus dem großen Bottich ins Glas geschöpft. Für Aperitifgäste auf der Veranda oder an der Long Bar mixt man ihn selbstverständlich frisch:

Singapore Sling

Pro Person:
2 Teile Gin, 1 Teil Cherry Brandy, je ein paar sparsame Tropfen Cointreau und Bénédictine,
1 Teil Fruchtsaft, frisch gepreßt aus Orangen, Ananas und Limetten, 1 Spritzer Angostura

Alle Zutaten auf Eiswürfeln verrühren, durch ein Sieb in ein Longdrinkglas gießen. Mit einem Spießchen schmücken, auf das Ananasstücke und eine mit frischer Minze dekorierte Amarenakirsche gesteckt sind.

TIP

Damit der Alkohol nicht zu rasch zu Kopfe steigt, ein Häppchen dazu reichen: würzige Satay-Spießchen.

Singapur-Satay-Spieße

Für sechs Personen:
ca. 500 g schieres Fleisch – zum Beispiel 1 ausgelöste Hühnerbrust, 200 g Rinderlende, 1 Lammfilet, 100 g in hauchfeine Streifen geschnittenes Schweine- oder Rinderfett, Öl zum Bestreichen
Marinade:
2 getrocknete Chilischoten, 3 Schalotten, 2–3 Knoblauchzehen, 1 walnußgroßes Stück Ingwerwurzel, je 1 TL Koriandersamen, Fenchelsamen und Kreuzkümmel, 1 EL Zucker, Salz
Erdnußsauce:
4–5 getrocknete Chilischoten, 4 Schalotten, 2 Knoblauchzehen, 6 Macadamia- oder Cashewnüsse,
5 EL Erdnußöl, 150 g Erdnüsse,
5 EL Zitronensaft, 1 TL Zucker, Salz

1.
Das Fleisch im Gefrierfach etwas anfrieren, bis es fest wird. So läßt es sich leichter in dünne Scheiben und längs in zweizentimeterbreite Streifen schneiden. Das Fett in nur zentimeterschmale Streifen schneiden.

2.
Für die Marinade die Chili mit kochendem Wasser überbrühen und eine halbe Stunde einweichen. Wer die Schärfe scheut, entkernt sie zuvor.

3.
Chili, Schalotten, Knoblauch, Ingwer und Gewürze mit einigen Löffeln Einweichflüssigkeit im Mixer pürieren. Die Fleischstreifen damit einreiben und eine Stunde, ruhig auch länger, durchziehen lassen.

4.
Jede Fleischsorte getrennt auf Bambusstäbchen fädeln, immer einen Fettstreifen dazwischenpacken. Er hält das Fleisch saftig.

5.
Für die Erdnußsauce die Marinade verwenden. Mit den ebenfalls eingeweichten Chilis, Schalotten, Knoblauch, Macadamianüssen pürieren.

6.
Diese Paste in heißem Öl unter Rühren rösten, bis sie duftet. Die inzwischen ebenfalls im Mixer pürierten Erdnüsse, Zitronensaft, etwa 1/8 l Einweichflüssigkeit, Zucker und Salz zufügen. Köcheln, bis sich alles zu einer würzigen, dicken Sauce verbunden hat.

7.
Die Spießchen über Holzkohlenglut oder unter dem Grill garen. Die Erdnußsauce schmeckt warm oder kalt.

TIP

Damit die Bambusstäbchen (die es als Schaschlikstäbchen überall zu kaufen gibt) später auf dem Grill nicht verkohlen, kurz in kaltem Wasser einweichen.

REIS

Überall in Asien ist Reis Grundnahrungsmittel. Man bevorzugt ihn übrigens hauptsächlich in seiner weißen, also polierten, vom inhaltsstoffreichen Silberhäutchen befreiten Form.

Brauner ungeschälter Naturreis (links in der Schütte) ist eher die Ausnahme. Die abgeschliffene Reiskleie verwendet man übrigens zum Einlegen von Gemüse sowie zum Herstellen von Essig und Reiswein. Man unterscheidet zwei Grundtypen: Reis mit hohem Gluten-(Kleber-)anteil und den »normalen« Reis ohne Kleber. Ersteren, den sogenannten **Klebreis**, gibt es als Lang- und Rundkornsorte, nach dem Kochen ist er ein regelrechter klebriger Brei. Man liebt diesen Klebreis in vielen Ländern Asiens, verwendet ihn vorwiegend für Süßspeisen, vor allem in Verbindung mit Kokossahne und Früchten, schätzt ihn gemischt mit Nüssen als Füllungen, ißt ihn seltener als Beilage. **Klebreis** gibt es weiß (auf dem Photo in der Mitte vorn), man erkennt ihn daran, daß die rohen Körner samtig wirken, wie von einem Stärkefilm überzogen, sowie als **Schwarzen Reis** (Mitte oben). Er wird zunächst über Nacht eingeweicht, dann gründlich in einem Sieb unter fließendem Wasser abgespült und schließlich aufgesetzt. Man rechnet pro Tasse Reis knapp eineinhalb Tassen Wasser.

Alle anderen Reissorten verfügen über mehr Stärke als Kleber. Trotzdem lieben alle Asiaten den Reis, wenn die Körner zart aneinanderhaften. *Parboiled* Reis stößt in weiten Teilen Asiens auf Unverständnis. Ausnahme: Indien stellt *parboiled* Reis her, der durch diesen Prozeß einen typischen Geschmack bekommt.

Rundkornreis (links oberhalb der braunen Schütte) wird vor allem in Japan verwendet, wo man seine Eigenschaft, stets etwas klebriger im Ergebnis zu sein als Langkornreis, besonders für *Sushi* schätzt. Japan verfügt über zu wenig eigene Anbauflächen, deshalb wird das meiste aus Kalifornien importiert (das Häufchen rechts unten). Übrigens läßt sich japanischer Reis hervorragend durch italienischen Risottoreis ersetzen!

Roter Reis wird zwar überall in Asien angebaut, gilt jedoch als minderwertig. Er schmeckt ähnlich wie brauner Naturreis ein wenig nach Nuß und wirkt stets fest.

Berühmt und inzwischen auch bei uns nahezu überall zu kaufen (wenn auch nicht immer in bester Qualität) ist **Basmatireis** (links daneben). Er wird an den Ausläufern des Himalaya in Indien und Pakistan angebaut. Die auffällig schlanken langen Körner, die man für indische Biryani-Gerichte braucht, entwickeln nach dem Kochen einen charakteristischen Duft.

Grüner Reis wird aus unreifen, grünen Reiskörnern hergestellt, die aus ihrer Hülle gedroschen und so lange gestampft werden, bis flache Flocken daraus geworden sind. Man röstet sie in der trockenen Pfanne an und streut sie über Süßspeisen; besonders hübsch: über gebratene Bananenstücke streuen und sie darin wenden, bis sie rundum davon überzogen sind.

Thailändischer Duftreis, auch **Jasminreis** genannt, gehört zum Besten, was man auf diesem Gebiet kaufen kann. Er verströmt nach dem Kochen einen unverwechselbaren, betörenden Duft. Guter Duftreis ist teuer und natürlich rar – das erklärt, warum man so selten in Thai-Restaurants jenes herrliche Parfüm wahrnimmt. Strahlend weiß, duftigzart, die schlanken, länglichen Körnchen hauchzart aneinanderhaftend, damit sie die würzigen Saucen gut aufnehmen können – so sollte perfekt gekochter Reis sein. Moderne Hausfrauen in Asien bedienen sich längst des elektrischen Reiskochers, eines simplen Geräts aus Japan, das es wirklich kinderleicht macht, stets perfekt lockeren, duftigen Reis aufzutischen (gibt's übrigens in Asienläden und in manchen guten Küchen-Shops). Aber auch ohne diese technische Hilfe ist Reiskochen gar nicht so schwer:

Grundrezept Reis: Für vier Personen zwei Tassen Reis in einem Sieb unter laufendes Wasser halten und so lange durchspülen, bis das Wasser klar herausläuft. In einem dickwandigen Topf mit gut drei Tassen Wasser auffüllen; der Topf sollte so bemessen sein, daß es jetzt zweifingerhoch über dem Reis steht. Salzen, ohne Deckel so lange kochen, bis nur noch eine dünne Wasserschicht über der Reisoberfläche sichtbar ist. Auf kleinster Hitze nunmehr zugedeckt etwa 20 Minuten ausquellen lassen. Erst unmittelbar vor dem Servieren mit einer Gabel auflockern.

Gekochten Reis aufwärmen kann man jederzeit in der Mikrowelle. Oder im selben dickwandigen Topf, in dem er gegart wurde: Den Reis mit etwas Wasser besprengen und zugedeckt auf mittlerer Hitze erwärmen.

Bihun-Suppe

Bihun sind schmale chinesische Bandnudeln, die aus dieser Suppe eher einen sättigenden Eintopf machen, den man als ganze Mahlzeit essen kann.

Für vier bis sechs Personen (Bild Seite 114/115):
250 g chinesische Nudeln, 200 g rohe, geschälte Garnelen, 1 Hühnerbrust, 200 g Sojakeime, 100 g Wasserkresse,
2 Eier, Salz, Pfeffer, Zucker, 2 EL Sojasauce, 3 EL Öl, 1 EL Sesamöl, 1 Zwiebel, 2 Knoblauchzehen, 2 Chilischoten, 1 l Hühnerbrühe, Korianderblätter

1.

Die Nudeln mit kochendem Wasser überbrühen und einweichen, bis alles Weitere erledigt ist. Wer europäische Bandnudeln verwendet, muß sie natürlich wie üblich kochen.

2.

Die Garnelen putzen, wenn nötig entdarmen und nach Belieben längs halbieren. Das Hühnerfleisch in schmale Streifen schneiden.

3.

Sojakeime verlesen und waschen, ebenso die Kresse.

4.

Die Eier verquirlen, mit Salz, Pfeffer, Zucker und einigen Tropfen Sojasauce würzen. In einer mit ganz wenig Öl und einigen Tropfen Sesamöl ausgepinselten Pfanne möglichst dünne Omeletts daraus backen. Abgekühlt aufrollen, in Streifen schneiden und als Garnitur beiseite stellen.

5.

Das restliche Öl in der Pfanne erhitzen, zuerst die Garnelen darin rasch eine Minute pfannenrühren, herausnehmen und beiseite stellen. Danach das Hühnerfleisch genauso anbraten und herausheben.

6.

Unterdessen die Zwiebel in Ringe hobeln und im verbliebenen Bratfett unter Rühren kroß anbraten, Knoblauch und Chili feingehackt zufügen. Schließlich die Garnelen und Hühnerfleisch zurück in die Pfanne geben. Mit Salz, Pfeffer und Sojasauce würzen.

7.

Mit Hühnerbrühe auffüllen und aufkochen. Die Nudeln in die heiße Suppe geben und alles zusammen erwärmen. Mit Koriander bestreuen.

Nonya-Frühlingsrolle

Ein wunderbares Essen mit Freunden. Man bereitet die einzelnen Bestandteile vor: dünne Pfannkuchen, Gemüse und Fleisch für die Füllung und stellt alles in Schalen und auf Platten wie zu einem Buffet bereit. Die Gäste nehmen sich nach Belieben, würzen und wickeln sich ihre ganz persönliche Spezialrolle.

Für sechs Personen:
Pfannkuchen:
5 Eier, 1/4 l Wasser, 1/2 TL Salz, Pfeffer, 200 g Mehl, 2 EL Öl, 1 TL Sesamöl, Öl zum Backen
Füllung:
20 g getrocknete chinesische Morcheln, 500 g durchwachsener, frischer Schweinebauch, 3 EL Öl, 1 TL Sesamöl, je 1 EL feingehackter Ingwer und Knoblauch, 2 getrocknete Chilischoten, 250g geschälte, frische oder tiefgekühlte, aber unbedingt rohe Garnelenschwänze, Salz, Pfeffer, 100 g Bambussprossen in feinen Streifen, 2 in Ringe geschnittene Frühlingszwiebeln, je 2 EL Sojasauce und Sherry, 1 TL Zucker
Garnitur:
1 großer Kopfsalat, 1 Salatgurke, 250 g Sojakeime, 6–8 Frühlingszwiebeln, 1 Strauß Koriander- und Minzestengel, 3 gekochte Eier, etwas Chilisauce und süße, indonesische Sojasauce

1.
Für den Teig alle Zutaten miteinander verquirlen und eine halbe Stunde lang quellen lassen. Dann in einer beschichteten Pfanne, die mit einer Mischung aus neutralem und Sesamöl ausgepinselt wurde, hauchdünne Pfannkuchen backen, die jedoch nicht bräunen, sondern blaß bleiben sollten. Aufeinandergestapelt unter Klarsichtfolie bis zum Essen frisch halten.

2.
Die chinesischen Morcheln mit kochendem Wasser überbrühen und einweichen. Abgetropft grob hacken.

3.
Den Schweinebauch quer in dünne Scheiben schneiden. Im heißen Öl auf starkem Feuer kroß anbraten. Erst wenn er rundum gebräunt wirkt, mit Ingwer, Knoblauch und zerkrümelten Chilischoten würzen.

4.
Die geputzten, entdarmten und nach Belieben auch längs halbierten Garnelen zufügen. Unter Rühren braten, bis sie ihre Farbe verändert haben. Salzen und pfeffern.

5.
Schließlich die Morcheln, Bambussprossen und Frühlingszwiebeln zufügen, mit Sojasauce und Sherry ablöschen, wenn nötig mit einigen Tropfen Einweichflüssigkeit loskochen. Mit Zucker und Salz würzen.

6.
Die Zutaten für die Garnitur vorbereiten: Salatkopf entblättern und waschen. Gurke schälen, in Stücke schneiden. Sojakeime verlesen und ebenso wie Frühlingszwiebeln, Koriander und Minze waschen. Die Eier vierteln.

7.
Alles dekorativ getrennt voneinander als Häufchen auf einer Platte anrichten und zusammen mit den vorbereiteten Pfannkuchen sowie der Füllung auf dem Tisch versammeln. Dazu die Flaschen mit Chilisauce und Sojasauce stellen.

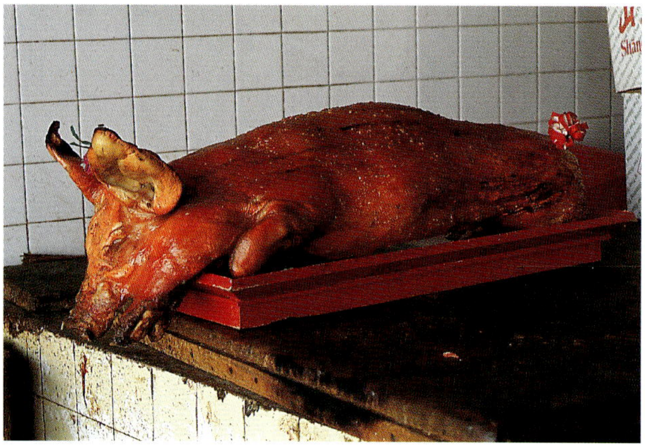

Rindfleisch mit Okragemüse

*Für vier bis sechs Personen:
500 g Rindfleisch (Hüfte oder Schulter),
je 1 TL schwarze Pfefferkörner und Fenchelsamen,
1 EL Koriandersamen, 1/2 TL gemahlener Gelbwurz,
3 EL Öl, je 1 EL feingehackter Ingwer und Knoblauch,
250 g frische Okraschoten, Salz*

1.
Das Fleisch in halbzentimeterdünne Scheiben schneiden.

2.
Die Gewürze in einer trockenen Pfanne anrösten, bis sie duften. Dann im Zerhacker oder Mörser zu feinem Pulver zerkleinern, dabei das Gelbwurzpulver zufügen. Mit dieser Mischung das Fleisch einreiben und etwas durchziehen lassen.

3.
Im Wok oder einer tiefen Pfanne das Öl erhitzen. Die Fleischscheiben darin rasch scharf anbraten. Ingwer und Knoblauch darüberstreuen.

4.
Die geputzten Okraschoten, wenn sie klein sind, ganz lassen, ansonsten in Stücke von etwa vier Zentimetern Länge schneiden. Zum Fleisch geben, salzen und ebenfalls kräftig anbraten, bevor mit einer knappen Tasse Wasser aufgefüllt wird.

5.
Ohne Deckel köcheln, bis nahezu alle Flüssigkeit verkocht ist und das Fleisch als konzentrierte Sauce einhüllt.

Korianderkartoffeln Nonya-Style

*Für vier bis sechs Personen:
500 g Kartoffeln, 500 g Zwiebeln,
Öl zum Fritieren, 1 Knoblauchknolle,
1 walnußgroßes Stück Ingwerwurzel,
1 dicker Bund Koriandergrün, Salz, Pfeffer*

1.
Kartoffeln und Zwiebeln schälen, in Scheiben, beziehungsweise Ringe hobeln und portionsweise in heißem Öl schwimmend ausbacken, bis beides gar, jedoch nicht zu sehr gebräunt ist. Den Knoblauch schälen und im heißen Fett nur sekundenlang glasig werden lassen, weil er zu leicht verbrennt und dann bitter schmeckt.

2.
Alles zusammen mit dem Ingwer und dem Koriandergrün im Mixer oder mit der Gemüsemühle zu einem Brei pürieren, dabei mit Salz und Pfeffer abschmecken.

3.
Die Korianderkartoffeln auf einer Platte aufhäufen, mit frischen Korianderblättern bestreut servieren. Sie schmecken warm, aber auch kalt.

TIP
Das duftende, würzige Püree, das um so grüner leuchtet, je mehr Korianderkraut dafür verarbeitet wurde, schmeckt besonders gut zu geröstetem Hühner- oder Entenfleisch sowie zum gegrillten Schwein. Reste davon kann man mit in die Nonya-Frühlingsrollen (Seite 122) wickeln oder in indische Samosa packen (Seite 44).

Thailand

Raffinierte Vorspeisen – intensive Suppen und Salate

Rudyard Kipling, Joseph Conrad, Somerset Maugham und manch andere berühmte Weltenbummler oder Thailand-Fans saßen hier unter Palmen oder dem surrend kühle Luft fächelnden Ventilator und schlürften Thailands Nationalgericht, die würzig-scharfe Garnelensuppe *Tom Yam Gung*: Das *Oriental* in Bangkok, heute längst Legende, ist unter der Ägide von Kurt Wachtveitl, seit mehr als 25 Jahren General Manager des Hauses, das perfekteste und angenehmste Hotel geworden, das man sich vorstellen kann. Es war stets berühmt für seine sorgfältig, von einheimischen Köchen nach alter Tradition zubereiteten Speisen.
Daran änderte sich auch nichts, als zunächst ein neues Haus und später ein noch viel größerer, zweiter Neubau angefügt und das alte Hotel zum kleinen Annex wurde, dem begehrten *Author's Wing* (links), in dessen Suiten zu wohnen sich heute nur noch die wirklich Reichen leisten können. Längst wurde das Angebot verbreitert, heute sorgen mehrere Restaurants fürs kulinarische Vergnügen: Man kann französisch, italienisch, auf der Terrasse jeden Abend vom üppigem Seafood-Buffet, im China-Restaurant sogar erstklassig kantonesisch essen und im neuen Health Club elegante »Gesundheitsküche« nach Oriental Art genießen
Genau gegenüber, am anderen Ufer des *Menam*-Flusses, durch ein unermüdlich pendelndes Boot ständig erreichbar, liegt das Thai-Restaurant des Hauses, die *Sala Rim Nam*. Im klimatisierten Speisesaal werden während des festlichen Abendessens folkloristische Tänze aufgeführt. Auf dieser Seite des Flusses ist auch die berühmte Kochschule untergebracht, in der man sich in die Kunst der Thaiküche einweisen lassen kann.

Stammgäste des *Oriental* waren sich immer gewiß, daß nirgendwo in Thailand die *Tom Yam Gung* (und ein paar andere Thaigerichte) so präzise und original zubereitet werden, wie in der Küche des Terrassen-Restaurants, das auch Verandah und Pool bedient: diese herrliche, höllisch scharfe Suppe, deren Feuer die gleiche aufmunternde Wirkung wie eine Sauna hat, und deren Gewürze in östlicher Ausgewogenheit die Lebensgeister erfolgreicher wecken als westliche Aufputschmittel! Ein Bild, das wir nie vergessen werden: zwei mächtig diskutierende amerikanische Geschäftsleute, bis zum Äquator ihrer umfangreichen Bäuche im Swimmingpool stehend, auf dem Beckenrand jeweils eine *Tom Yam Gung* und ein großes *Singha*-Bier. Da wurde schnabuliert, geschwitzt und gestikuliert, daß es eine Freude war...

Vor ein paar Jahren, bei einem Besuch im *Oriental,* bestellten wir, wie gewohnt, zur sofortigen Einstimmung in die Düfte des Landes, gleich nach der Ankunft erwartungsvoll »unsere« *Tom Yam Gung* – und erlebten eine Enttäuschung! Die heißgeliebte Garnelensuppe war langweilig, weder scharf noch thaiwürzig – es fehlten die Chilischoten, das Zitronengras, und wo blieben die Zitronenblätter – eine Suppe für Gäste mit ungeübtem Geschmack. Sollte man selbst hier, in diesem perfekten Haus, sich abhängig von den Wünschen jener erlebnisunfähigen Reisenden machen müssen, die sich eigentlich gar nicht mehr für das bereiste Land interessieren, sich durch die Touristenzentren schleusen und mit lascher Einheitskost abspeisen lassen? Sollte es sie nicht mehr geben, die gebildeten und neugierigen Reisenden, die sich nicht schwer tun beim Genießen, weil sie wissen, daß die spelzigen Zitronengrasstücke, die durchdringend medizinisch schmekkenden Galgantwurzelscheiben, die brennenden Chilischoten, die harten Kaffirzitronenblätter und ihre beißend bitteren Schalen in der Suppe als *Würze* dienen und nicht mitgegessen werden? Hat man sie nach ständigen Reklamationen einfach weggelassen, damit nicht etwa eine unwissende Zunge durch brennende Schärfe zu flammendem Protest herausgefordert wird? Tatsächlich, wissen wir inzwischen, serviert man im *Oriental* nunmehr zweierlei Versionen von Thaiküche: ein wenig internationalisiert, geglättet und besänftigt im Verandah-Restaurant und drüben, auf der Terrasse vom *Sala Rim Nam,* nach allen Regeln der Würzkunst, in wahrlich großartiger Perfektion. So wird niemand verstört, wer im Thai-Restarant Platz nimmt, weiß Bescheid und ist auf intensive Genüsse vorbereitet.

Übrigens ist in Thailand ein starker Wandel festzustellen: Weil die Amerikaner und Europäer nichts Scharfes lieben, mögen es die Thais auch nicht länger – westliche »Zivilisation« gilt schließlich als erstrebenswert! Viele finden es inzwischen ordinär, scharf zu essen, mit Ingwer und Zitronenblatt zu würzen und mit Galgant verschwenderisch umzugehen. Allerdings verändert das nicht nur die Geschmacksmuster, sondern hat noch viel weitreichendere Auswirkungen – Chili und Ingwer, beispielsweise, töten durch ihre aseptische Wirkung Bakterien und fördern die Verdauung. Läßt man diese Gewürze weg, besteht in dem feuchtheißen Klima Thailands die Gefahr, daß empfindliche Zutaten – wie etwa die Garnelen in der *Tom Yam Gung* – verderben und nicht schnell genug verdaut werden können. Deswegen haben in den letzten Jahren diesbezügliche Erkrankungen stark zugenommen.

Man hat es als Tourist in Thailand immer schwerer, noch nach alter Sitte zubereitetes Essen zu bekommen. Die Restaurants servieren uns *Langnasen* stets eine gemilderte Version. Nur in Begleitung von Thailändern kann man noch hoffen, original zu speisen.

Einmal, in einem Hafenrestaurant in *Hua Hin,* haben wir es geschafft, die ebenso junge wie hübsche, aber noch unerfahrene Bedienung zu überreden, uns eine perfekt nach alter Art bereitete *Tom Yam Gung* vorzusetzen – ihre Kolleginnen wollten die Schalen sofort wieder einsammeln, als sie das bemerkten, und wir mußten sie unter Auferbietung aller Kräfte verteidigen. Wir ernteten respektvolles Staunen, als wir mit Vergnügen aßen, die Würze und Schärfe genossen.

Tom Yam Gung

Der zitronenwürzige, herrlich scharfe Sud ist die Basis auch für andere Suppen. Man läßt dann Hühnerfleisch, Fischstücke, Muscheln oder was immer darin sanft garziehen.

Für vier Personen:
400 g Garnelen mit Schale, 1 EL Erdnußöl, 1,5 l Wasser, 3 Stengel Zitronengras, 3 cm Galgantwurzel, 2 cm Ingwer, 6–10 Vogelaugenchilis, 4 EL Fischsauce, 1 Zitrone oder Limone, 1/2 Kaffirzitrone, 6–8 Zitronenblätter, je 1 Handvoll Basilikum- und Korianderblätter

1.

Die Garnelen waschen, aus der Schale lösen, dabei das Schwanzende dranlassen, das sieht nachher hübscher aus; und außerdem kann man sich die Garnelen mit der Hand herausfischen und mit den Fingern zierlich am Schwänzchen haltend verspeisen. Die Garnelen längs aufschlitzen und den schwarzen Darm, der dann sichtbar wird, entfernen.

2.

Die Schalen im heißen Öl kräftig anrösten, mit Wasser auffüllen, die grünen Teile des Zitronengrases, die Schale vom Galgant und Ingwer sowie die Hälfte der Chili, Fischsauce und Zitronensaft zufügen. Eine halbe Stunde auskochen und schließlich durch ein Sieb filtern.

3.

Die restlichen Gewürze in dünne Scheiben, Streifen oder Ringe schneiden. Zusammen mit den Garnelen in den heißen Sud geben und neben dem Feuer fünf Minuten darin ziehen lassen.

TIP

In Thailand bringt man diese Suppe übrigens in einer Art Feuertopf zu Tisch, wie man das auch beim chinesischen Fondue kennt: Eine Wanne, die rund um einen Kegel befestigt ist, in dem Holzkohle für kräftige Hitze sorgt. So bleibt die Suppe garantiert siedend heiß. In den thailändischen Suppenrestaurants kann man beobachten, wie man mühelos in kürzester Zeit ausreichende Holzkohlenglut zustande bringt: ein Stück Grillanzünder zwischen der Holzkohle im Schornstein verstecken, anzünden und mit dem Fön hineinblasen. Natürlich sollte dies ausschließlich im Freien unternommen werden – wie auch überhaupt beim Hantieren mit einem solchen Feuertopf in geschlossenen Räumen Vorsicht angesagt ist! Eine feuerfeste Platte unterlegen und darauf achten, daß die Zimmerdecke oder gar die Tischlampe ausreichend weit entfernt sind. Dazu serviert man trockenen, gedämpften Reis, der besänftigend wirkt, falls die Suppe zu feurig geraten sein sollte...

Salat aus gehackter Entenbrust

Beliebt als Imbiß, kleine Zwischenmahlzeit oder Vorspeise sind Salate aus Fleisch, Fisch oder Meeresfrüchten, die stets mit etwa derselben Menge Blätter, Kräuter, Zwiebeln oder Nudeln vermischt und angenehm säuerlich angemacht werden. Dadurch sind sie leicht, erfrischend und überaus bekömmlich.

Für vier Personen (Bild Seite 124/125):
2 ausgelöste Entenbrüste, Salz, Pfeffer,
2 EL Fischsauce
Außerdem: 2 cm Ingwerwurzel, 2 Knoblauchzehen,
2 Chilischoten (grün und rot), 1 Stück Zitronengras,
1 weiße Zwiebel, 4 Frühlingszwiebeln,
Saft einer Limone (oder Zitrone), 1 EL Sojasauce,
2 EL Fischsauce, 2 EL Sonnenblumen- oder Erdnußöl,
2 EL Reisgrieß (wie auf Seite 133 beschrieben),
Koriandergrün, einige Kopfsalatblätter

1.
Die Haut der Entenbrüste ablösen, schräg in Rauten schneiden und in einer beschichteten Pfanne ohne weiteres Fett langsam aus-, dann braun und knusprig braten. Schließlich auf Küchenpapier sorgfältig abtrocknen und beiseite stellen. Das Fett durch einen Kaffeefilter gießen und zum Braten und Würzen verwenden.

2.
Die Entenbrüste in zwei Löffeln davon auf beiden Seiten etwa fünf Minuten braten, salzen, pfeffern, mit Fischsauce beträufeln; schließlich zugedeckt zum Nachziehen und Abkühlen ebenfalls beiseite stellen.

3.
Ingwer, Knoblauch und Chili feinhacken. Das Zitronengras in hauchdünne Scheibchen, Zwiebel in feine Halbringe, das Weiße der Frühlingszwiebeln ebenfalls in dünne, das Grün in breitere Scheiben schneiden.

4.
Die Entenbrüste, die jetzt noch lauwarm sein sollten, mit einem großen Messer auf einem großen Arbeitsbrett zunächst in kleine Würfel schneiden, dann richtig hacken, dabei Limonen- oder Zitronensaft, Soja- und Fischsauce, den ausgetretenen Fleischsaft sowie das Öl, das gesamte vorbereitete Grünzeug und schließlich den Reisgrieß und die Korianderblätter einarbeiten.

5.
Abschmecken, auf eine mit Salatblättern belegte Platte häufen. Die Entenhautwürfel darüberstreuen.

Tintenfischsalat

Für vier Personen:
500 g Tintenfisch (Sepia oder Kalmar), Salz,
3 Frühlingszwiebeln, 2 Schalotten,
2 Selleriestengel mit Grün, 1 feste Fleischtomate,
1 Knoblauchzehe, 1 cm Ingwerwurzel,
1 grüne Chilischote, 1 Stück Zitronengras,
2 EL Fischsauce, 1/2 TL Zucker, 1 EL Erdnußöl, Saft von
1 Zitrone oder Limone, Koriandergrün, Salatblätter

1.
Die Tintenfische gründlich säubern, falls noch vorhanden, ihre dünne lila Haut abziehen. Die Fangarme packen und aus dem Körperbeutel ziehen, oberhalb der Augen abschneiden, sie mitsamt den anhängenden Innereien wegwerfen.

2.
Die Körperbeutel auswaschen, in streichholzschachtelgroße Stücke schneiden. Jedes Stück auf der Innenseite mit einem scharfen Messer kreuzweise einritzen, so daß ein Schachbrettmuster entsteht – das sieht hübsch aus, außerdem werden so die Tintenfischstücke garantiert zart und rollen sich nicht so stark zusammen.

3.
Die Tintenfischstücke in Salzwasser einmal aufwallen, schließlich im Sud abkühlen lassen.

4.
Inzwischen die Frühlingszwiebeln, Schalotten und Selleriestangen in dünne Scheiben schneiden. Das Selleriegrün nur grob zerzupfen.

5.
Tomate häuten, entkernen, ihr Fleisch in Streifen schneiden.

6.
Knoblauch, Ingwer und die entkernte Chilischote feinhacken. Zitronengras in hauchdünne Scheiben schneiden.

7.
Alle Zutaten mischen, mit einer Marinade aus Fischsauce, Zucker, Zitronensaft und Öl anmachen.

8.
Die zerzupften Sellerie- und Korianderblätter erst ganz zum Schluß untermischen. Auf Salatblättern anrichten.

Rechts: Tempel der königlichen Residenz in Bang Pa In

Glasnudelsalat

Für vier Personen (Bild Seite 124/125):
50 g Glasnudeln, 1 Zwiebel, 1 cm Ingwer,
2 Knoblauchzehen, 3 EL Öl, 150 g Hackfleisch,
2–3 Chilischoten (rot und grün), 3 Frühlingszwiebeln,
2 EL Fischsauce, Saft von 1 Zitrone, Salz, Pfeffer, Zucker,
Koriandergrün, Basilikum, Kopfsalatblätter

1.
Die Glasnudeln mit kochendem Wasser überbrühen und eine halbe Stunde einweichen. Mit einer Schere in Stücke schneiden.

2.
Zwiebel, Ingwer und Knoblauch feinhacken. Im heißen Öl andünsten, das Hackfleisch zufügen und krümelig braten.

3.
Die entkernten Chilischoten würfeln und zufügen. Das Weiße der Frühlingszwiebeln feinschneiden und sofort untermischen. Das Grün in zentimeterbreite Stücke schneiden und erst zum Schluß unterrühren.

4.
Die abgetropften Glasnudeln unters Hackfleisch mischen. Mit Fischsauce, Zitronensaft, Salz, Pfeffer und Zucker würzen.

5.
Zerzupfte Koriander- und Basilikumblätter sowie Frühlingszwiebelgrün ganz zum Schluß untermischen. Den Salat auf Blättern anrichten.

TIP

Diese Blätter hier und bei den anderen Thai-Salatrezepten sind übrigens keineswegs nur als Dekoration, sondern zum Essen gedacht, sie sind Bestandteil des Salats! Häufig reicht man sogar eine ganze Platte mit den unterschiedlichsten Salatblättern und Kräuterstengeln dazu. Jeder Gast wickelt sich den Salat bissenweise in die einzelnen Blätter, fügt nach Gusto Kräuter hinzu und packt sich kleine Päckchen, die man mit der Hand genießerisch in den Mund schiebt...

Steinerne Mönchfigur vor dem Wat Pho, dem größten Tempel Bangkoks

THAI-GEWÜRZE

Es sind nicht viele – aber ein paar Zutaten sind unbedingt nötig, damit der typische Thaigeschmack entsteht. Man bekommt sie, auch frische Kräuter, in guten Asienshops, die es in allen größeren Städten gibt (Branchentelefonbuch oder unter China- oder Thai-, Asia- oder Asien- suchen); einige dieser Läden verschicken auch per Post. Auf dem Bild unten gezeigt, von unten nach oben:

Ingwer: Die frischen Wurzeln gibt's in nahezu jedem besseren Su-

permarkt in der Gemüseabteilung. Immer darauf achten, daß sie einigermaßen frisch und seidig glänzen, nicht bereits völlig verschrumpelt sind. Die Wurzel in einem feuchten Tuch im Gemüsefach des Kühlschranks saftig halten. Man kann sie auch in einem Blumentopf mit Erde frisch halten; wer dabei allerdings mit dem Gießen zu großzügig ist, wird nach einer Weile eine hübsche Schilfpflanze erhalten, die Wurzel jedoch nicht mehr zum Würzen verwenden können.

Baby-Ingwer: Ganz junge, sehr zarte, herrlich saftige Wurzeltriebe, die man als Gemüse verwendet.

Zitronengras: Eine Schilfpflanze mit intensivem Zitronenduft. Man verwendet nicht das Blattgrün, sondern die hellen, unteren zehn Zentimeter. Roh in hauchfeine Streifen geschnitten für Salate und Saucendips; in Suppen oder Saucengerichten läßt man größere Stücke mitkochen – gequetscht geben sie am meisten Aroma ab.

Galgant, auch **Thai-Ingwer** (ganz oben) genannt: Wie Ingwer die Wurzel einer Schilfpflanze, die man zum Würzen braucht. Ihr strenger, an Medizin erinnernder Duft gehört in viele Suppen.

Reisgrieß (nicht im Bild) gehört vor allem in Salate aus gehacktem Fleisch, wo er für Biß sorgt. Man zerstößt dafür rohe Reiskörner im Mörser oder Mixer auf Grießkorngröße und röstet sie schließlich in einer trockenen Pfanne golden. Benötigt man immer nur löffelweise; kann man aber gut in einem Schraubglas länger aufbewahren.

Nam plaa, Fischsauce: Unverzichtbarer Bestandteil der Thaiküche. Universalgewürz wie die Sojasauce in China und Japan, hergestellt aus fermentierten Fischen und Meerestieren. Man braucht sie zum Kochen wie zum Würzen bei Tisch entweder pur oder mit Chili *(prik nam plaa)* oder, das ist am ge-

bräuchlichsten, als Dipsauce aus je einem Teil Fischsauce, Wasser und Zitronensaft, gewürzt mit etwas Zucker und gehackter Chilischote, Ingwer, Knoblauch, Schalotte und Gurke. Sie gehört auf jeden Tisch. Man träufelt sie sich über eigentlich alle Speisen. (Photo unten und Seite 124/125)

THAI-KRÄUTER

Thaibasilikum: Sieht nicht nur anders aus, sondern schmeckt vor allem völlig anders als das europäische. Unverzichtbar in vielen Gerichten der Thai-, aber auch der vietnamesischen Küche. Wichtigste Sorten: (Bild oben, von links nach rechts) das sogenannte **süße Basilikum,** *bai horapha*, das in Curries sogar mitkochen darf. Und das sogenannte **haarige Basilikum**, *bai manglak*, das etwas strenger schmeckt.

Koriandergrün, ebenfalls durch nichts zu ersetzendes, petersilienähnliches Kraut mit einem unverwechselbaren Duft, das man aus ganz gewöhnlichem Gewürzkoriander sogar im Blumentopf auf der Fensterbank ziehen kann.

Der **langblättrige Koriander** (ganz rechts) hat robustere Blätter, die winzige Stacheln an den Blattspitzen tragen können, und verfügt ebenfalls über den typischen Koriandergeschmack. Man verwendet ihn in haarfeine Streifen geschnitten roh oder läßt ihn auch mitkochen.

Duftender Reis, Kokossahne und heiße Curries

In Deutschland kann man sich kaum von der althergebrachten Vorstellung befreien, daß sich im Restaurant jeder das bestellt, was er mag, jeder »sein« Gericht ißt. Damit bringen sich die meisten Gäste um das herrliche Vergnügen, die Vielfalt und die Abwechslung der Thaiküche zu genießen. Wie schade! Vielleicht fürchten sie Schwierigkeiten bei der Abrechnung oder von der Eßgeschwindigkeit des gierigen Tischnachbarn überholt zu werden?
Ein Thai jedenfalls würde zunächst für die ganze Runde eine Auswahl von Vorspeisen bestellen, etwa kleine Frühlingsrollen und Saté-Spießchen, Salate und eine Suppe. Zu dieser Suppe, die in einer großen Schüssel oder im Feuertopf serviert wird, gibt es natürlich für jeden Gast ein Schälchen. Und dann folgen so viele Hauptgerichte wie Personen am Tisch sitzen: Je größer die Runde, desto größer die Tafelfreuden!
Man muß bei der Bestellung nur darauf achten, daß eine abwechslungsreiche und trotzdem harmonische Mischung zustande kommt. Die Saucen dürfen sich nicht wiederholen, und die Hauptzutaten müssen unterschiedlich sein. Und wenn einer in der Runde eine Sache partout nicht mag, ißt er eben von einem anderen Gericht etwas mehr...

Thaiküche ist verblüffend praktisch: Die Vorbereitungen können lange vor dem Essen und längst vor Eintreffen der Gäste erledigt sein. Das eigentliche Kochen geht dann schnell, in wenigen Minuten ist alles vorbei. Dafür muß aber alles gut überlegt sein, Sie müssen sich merken, welche Gewürze und Zutaten in welches Gericht kommen. Ein Tip, wenn Sie noch ungeübt sind: für jedes Gericht eine Gruppe von Schälchen mit den entsprechenden Zutaten zusammenstellen; oder alle Zutaten für ein Gericht auf einem Teller anordnen, von dem sie leicht mit einem Griff in Wok oder Pfanne gestreift werden können.
Alles beginnt natürlich beim Einkauf: Kräuter, Gewürze, Ingwer bekommen Sie ohnehin in so großen Portionen, daß es für alle Gerichte reicht. Die sonstigen Zutaten werden Sie in den angegebenen Mengen einkaufen – Garnelen, Hühnerbrust (oder das auf Vorrat einfrieren, was Sie nicht sofort benötigen). Zu Hause wird alles gewaschen, zugeschnitten und unter Folie kalt gestellt. Fleisch, Meeresfrüchte und Fisch von Sehnen und Häuten befreien, putzen, kleinschneiden, auspulen, entgräten etc. Ingwer, Knoblauch, Chilischoten, Zitronenblatt und -gras, Koriander, Frühlingszwiebel, Schalotten: putzen und kleinschneiden und in Schäl-

chen, vorzugsweise mit Klarsichtfolie überspannt, bereithalten. Soja- und Fischsauce, frisch gepreßten Zitronen- oder Limonensaft, Wein oder Sherry, geschmacksneutrales und Sesamöl bereitstellen. Currypasten abmessen.
Universalkochgeschirr ist auch in der Thaiküche der Wok. Gut ist es, wenn Sie Warmhalteplatten haben, sonst stellen Sie die fertigen Gerichte bis zum Servieren in den etwa 70 Grad heißen Ofen – nötig ist das nicht: die Thailänder selbst essen niemals heiß.
Und schließlich: Decken Sie normale Teller, Löffel und Gabel – die Thailänder essen nämlich nicht aus Schalen wie die Chinesen und daher auch nicht mit Stäbchen.
Reis ist für die Thais mehr als Grundnahrungsmittel, vielmehr Lebenselixier. Kein Wunder, schließlich zählt thailändischer Duftreis zum Besten, was es gibt. Er macht seinem Namen alle Ehre und verströmt schon beim Kochen betörenden Duft. Man sollte ihn übrigens nicht mit Basmati verwechseln, dem ebenfalls Duftreis genannten Langkornreis aus Indien oder Pakistan, dessen Körner noch schlanker und länger, im Geschmack jedoch weniger ausgeprägt sind.
Schließlich die Currypasten: Grundlage jeglicher Thaiküche. Curries, also Gerichte mit viel Sauce (abgeleitet vom Hinduwort *kari* für Sauce), sind Hauptbestandteil jeder Mahlzeit. Basis solcher Saucen sind Würzmischungen aus verschiedenen Kräutern, frischen und getrockneten Gewürzen, im steinernen Mörser oder im Mixer zu einer streichfähigen Paste zerkleinert. Solche Würzpasten werden auf den Märkten in Thailand fix

Der Reisanbau ist eine unendlich mühevolle Arbeit: Die Reisfelder werden eingeebnet und geglättet, bevor die Reispflanzen gesetzt werden können. Bild unten: Von Hand werden die reifen Körner aus den Ähren geschlagen

und fertig frisch angeboten, zu leuchtendfarbenen, duftenden Kegeln aufgetürmt: grün, gelb oder rot – je nachdem, welche Chili Hauptbestandteil sind. In Schraubgläsern verschlossen, bleiben diese Würzpasten monatelang im Kühlschrank frisch. Und im Handumdrehen steht damit ein herrliches Essen auf dem Tisch: Etwas geschnetzeltes Fleisch, Fisch oder Meeresfrüchte in die Pfanne, einen Löffel Currypaste dazu, aufgefüllt mit etwas Brühe oder Kokossahne, gewürzt mit Fischsauce und Zitronensaft – einige Minuten köcheln, und schon kann serviert werden. Das ist doch Fast Food in des Wortes angenehmster Bedeutung. Bei uns gibt es diese Currypasten in den Asienshops abgepackt, sie sind durchaus von hervorragender Qualität! Kokosmilch ist die »Sahne« oder »Crème fraîche« in der Thaiküche. Es handelt sich dabei um einen Auszug aus Kokosflocken mit Wasser. Die trockenen Flocken aus der Backabteilung geben übrigens zuwenig her, man muß schon frisches Kokosfleisch reiben und mit kochendem Wasser überbrühen. Durch ein Tuch gefiltert gewinnt man eine cremige, duftende Kokossahne. Ein nochmaliger Aufguß ergibt die dünnere Kokosmilch. In Asienläden wird häufig dehydrierte Kokosmilch (*creamed coconut*) angeboten, die vorzüglich ist. Man gibt einfach ein Stück der zum weißen Block gepreßten Kokossahne oder das lose Pulver zusammen mit der Currypaste in den Topf und löst mit heißem Wasser auf – sofort hat man eine cremige, würzige Sauce. Das sind Convenienceprodukte, die den Gaumen eines Feinschmeckers wirklich nicht beleidigen.

Nach einem uralten, genau ausgeklügelten System sind die Reisterrassen angelegt und bewässert. Ein Entenparadies! Zunächst dürfen die Tiere darin baden, nach der Ernte Körner picken. So geht nichts verloren – ein segensreicher Kreislauf

CURRYPASTEN AUS DER EIGENEN KÜCHE

Rote Currypaste: Dafür 10 bis 20 getrocknete rote Chilischoten entkernen und in heißem Wasser einweichen.
1 EL Koriandersamen,
1 TL Kreuzkümmel,
10 Pfefferkörner,
3 cm Zimtstange,
1 Stück Muskatblüte und
1/4 Muskatnuß in einer Pfanne anrösten, bis die Gewürze duften. Mit den Chili sowie 6 Schalotten, 10 Knoblauchzehen, je 3 cm Ingwer- und Galgantwurzel,
2 Stengeln Zitronengras, Schale von 1/2 Kaffirzitrone, 1 TL Garnelen- (oder Anchovis-)paste,
1 TL Zucker und 1/2 TL Salz im Mixer zur glatten Paste mixen.

Grüne und gelbe Currypaste wird genauso hergestellt. Statt roter, getrockneter, nimmt man grüne, beziehungsweise gelbe, frische Chili, außerdem mixt man für die grüne Paste eine Handvoll Korianderblätter und Thai-Basilikum mit. Die gelbe Currypaste wird mit etwas Kurkuma leuchtend eingefärbt. In Schraubgläsern halten sich diese Pasten lange Zeit im Kühlschrank frisch.

WEITERE BASIS-GEWÜRZE

Chili: Von den winzig kleinen, höllisch scharfen Vogelaugenchili bis zu den handspannenlangen, milderen Gemüsechili, von grün (unreif) bis rot, frisch oder getrocknet – ohne Chili ist keine Thaiküche möglich! Die größeren orangegelben Chili dienen meist zur Dekoration, werden aufgeschlitzt und in kaltes Wasser gelegt, so daß sie sich zu Blüten aufbiegen.

Zitronenblatt, sattgrün und glänzend; betörend duftend, sobald man es zwischen den Fingern zerreibt. Es handelt sich um das Blatt der **Kaffirzitrone**, einer speziellen Zitronenart, deren schrumpelige, limonengrüne Schale wichtiger ist als das bißchen Saft, das sie enthält. Man schneidet sie so vom Fruchtfleisch, daß nichts von der pelzigen, weißen Innenhaut daran haftet und kocht sie am Stück mit oder schneidet sie in haarfeine Streifen (Zesten) und kann sie dann mitessen. Mit den zerzupften (dann nur als Gewürz) oder haarfein geschnittenen (auch zum Mitessen) Blättern würzt man Salate, Suppen und Saucen.

Limonen haben in der Thaiküche die gleiche Funktion wie bei uns die Zitronen, sind aber kleiner; auch nicht so groß wie die Limonen, die wir aus Brasilien importieren – dafür enthalten sie aber erheblich mehr Saft. Serviert man sie zu Speisen, schneidet man flache Segmente ab, so daß die in der Mitte sitzenden Kerne ausgespart bleiben. So lassen sich die Stücke leichter und effektiver auspressen.

Schalotten: Sie sind zugleich mild und besonders aromatisch, auch saftiger als die hiesigen Schalotten und sehr zart. Man verwendet sie auch in Dips und Salaten.

Rindfleisch mit Tomaten

Für vier Personen:
300 g Rinderfilet, 1/2 TL Backpulver, 3 EL Erdnuß- oder Sonnenblumenöl, 2 Schalotten, 2 Knoblauchzehen, 1 cm Ingwerwurzel, 1 TL rote Currypaste, 1 EL Fischsauce, Salz, Pfeffer, 1/2 TL Zucker, 2 festfleischige Tomaten, Basilikumblätter

1.
Das Fleisch quer zur Faser in schmale Streifen schneiden, mit dem Backpulver überstäuben und gut einreiben. Dadurch wird das Fleisch beim Braten schmelzend zart.

2.
Im sehr heißen Öl rasch, auf starkem Feuer, unter Rühren anbraten. Herausnehmen und beiseite stellen.

3.
Im verbliebenen Bratfett feingehackte Schalotten, Knoblauch und Ingwer andünsten, Currypaste zugeben, mit einer Tasse Wasser ablöschen.

4.
Das Fleisch wieder zufügen, alles aufkochen. Mit Fischsauce, Salz, Pfeffer, Zucker würzen.

5.
Schließlich die gehäuteten, entkernten und in Streifen geschnittenen Tomaten sowie die Basilikumblätter zufügen und einmal aufwallen lassen.

TIP
Statt Basilikumblätter kann man zum Schluß auch feste Spinatblätter untermischen. Auch in Streifen geschnittene bunte Gemüsepaprika passen vorzüglich dazu.

Rotes Hähnchen-Curry

Für vier Personen (Bild unten links):
400 g Hähnchenbrustfleisch, 1 TL Speisestärke, 1 Zwiebel, 2 Knoblauchzehen, 1 EL Erdnußöl, 1–2 EL rote Currypaste, ca. 40 g feste Kokosmilch oder 1/4 l Kokossahne, 1 TL Zucker, 2 EL Fischsauce, 3–4 Zitronenblätter, 2–3 frische Chili, Basilikumblätter, Koriandergrün

1.
Das Fleisch in zweizentimeterbreite Würfel schneiden, mit der Stärke überpudern und gut damit einreiben – das gibt dem Fleisch beim Garen einen Schutzfilm, unter dem es saftig bleibt.

2.
Die Zwiebel und Knoblauchzehen feinschneiden, im heißen Öl andünsten. Das Fleisch zufügen und so lange rühren, bis die Würfel ihre rohe Farbe verloren haben.

3.
Die Currypaste zufügen, unter Rühren mitbraten, die feste Kokosmilch und gut 1/4 l Wasser oder die Kokossahne zufügen.

4.
Mit Zucker und Fischsauce würzen. In hauchfeine Streifen geschnittene Zitronenblätter, entkernte und in Streifen geschnittene Chili sowie Basilikumblätter unterrühren. Leise köcheln, bis sich alles zu einer dicklichen Sauce verbunden hat. Das Koriandergrün erst unmittelbar vor dem Servieren darüberstreuen.

TIP
Dies sollte man als ein Grundrezept sehen, das sich je nach Vorräten und Einkäufen abwandeln läßt: Statt Hühnerfleisch kann man Kalb-, Puten-, Schweine-, sogar Rindfleisch nehmen. Auch Garnelen oder festfleischiger Fisch, zum Beispiel Katfisch oder Seeteufel (Lotte). Natürlich kann man zusätzlich mit Gemüse anreichern. Feststrukturiertes Gemüse, wie Bambus, Mini-Maiskölbchen, Stiele von Broccoli, Blumenkohlröschen, Zwiebelringe bereits zu Beginn, beim Anbraten, zufügen. Zarteres Gemüse wie Spinatblätter, Lauchringe, Frühlingszwiebeln erst gegen Ende unterrühren. Ein grünes Hähnchen-Curry ist auf Seite 124/125 zu sehen.

Hähnchenfleisch in cremig-würziger Sauce – nach demselben Rezept kann man auch Schwein, Rind oder Lamm zubereiten. Dazu gehört natürlich Reis

Garnelen mit grünem Spargel

Für vier Personen:
400 g Garnelen, 1 TL Speisestärke, 2 EL Erdnußöl, je 1 EL gehackter Ingwer und Knoblauch, 2 Schalotten, 400 g grüner Spargel, Salz, Pfeffer, Zucker, je 1 EL Soja- und Fischsauce, 1/8 l Hühnerbrühe

1.
Die Garnelen aus ihrer Schale lösen, das Schwanzende dranlassen – es sieht nach dem Garen hübscher aus. Die Schwänze längs aufschlitzen, den schwarzen Darm entfernen. Die Garnelen mit Stärke einreiben, das macht sie zart.

2.
Im sehr heißen Öl rasch unter Rühren eine Minute braten, dabei die Hälfte des Ingwers, Knoblauchs und der Schalotten dazustreuen. Mit einer Schaumkelle herausheben und beiseite stellen.

3.
Den geputzten, geschälten und in vier bis fünf cm lange Stücke geschnittenen Spargel in die heiße Pfanne geben, auf starkem Feuer herumwirbeln, dabei den restlichen Ingwer, Knoblauch und Schalotten zufügen, salzen, pfeffern, mit Zucker, Soja- und Fischsauce würzen.

4.
Erst wenn die Spargelstücke leuchtend grün sind, mit Brühe ablöschen. Die Garnelen wieder zufügen, alles mischen und sofort servieren.

TIP
Der Spargel bleibt so zubereitet wunderbar knackig und bißfest, man sollte ihn auf keinen Fall zuvor blanchieren.

Schweinebauch mit Möhren und grünem Pfeffer

Für vier Personen (Bild unten):
400 g frischer Schweinebauch in halbzentimeterdicken Scheiben, 2 EL Öl, 1 EL grüne Currypaste, 2 EL Fischsauce, 1 TL Zucker, 2 Möhren, je 1 TL gehackter Knoblauch und Ingwer, 2 EL grüne Pfefferkörner, 2 EL Zitronensaft

1.
Das Fleisch quer in etwa zwei cm breite Streifen schneiden. Im heißen Öl rasch auf starkem Feuer kräftig anbraten.

2.
Dann die Hitze reduzieren, die Currypaste unterrühren. Soviel Wasser angießen, daß das Fleisch knapp bedeckt ist, mit Fischsauce und Zucker würzen. Zugedeckt auf sanftem Feuer etwa eine Stunde weichschmoren.

3.
Inzwischen die Möhren in dünne Scheiben hobeln, zusammen mit Knoblauch, Ingwer und Pfefferbeeren für die letzten 20 Minuten zufügen. Nunmehr ohne Deckel köcheln, damit die Hälfte der Flüssigkeit verdampft. Zum Schluß mit Zitronensaft abschmecken.

TIP
Natürlich essen nur Thais, die keine Moslems sind, Schweinefleisch. Sie leben vorwiegend im Norden des Landes, wo es sogar Wildschweine gibt. Natürlich kann man auch Hühner-, Kalb- oder Rindfleisch nach diesem Rezept zubereiten.

Mit exotischen Früchten: Desserts und Drinks

Das *müssen* Sie probieren!« Der entschiedene Ton in der sonst so sanften Redeweise unseres thailändischen Gastgebers Thanadsri Svasti duldete keinen Widerspruch. Begeistert beschrieb er den Genuß, der uns bevorstand: *sticky rice with coconut-cream and mango*, Klebreis mit Kokossahne und Mango. Eigentlich verspürten wir überhaupt keine Lust darauf, geschweige denn Hunger... Denn den ganzen Abend hatten wir getafelt, märchenhafte Thai-Salate, verschiedenste Curries, scharfe Garnelensuppe, gegrillte Tintenfische und *morning glory* gegessen, ein wundervolles Gemüse, das wie Brunnenkresse im Wasser wächst. Zum Nachtisch waren kunstvoll geschnitzte Früchte serviert worden, wir waren wohlig satt und spürten nicht das kleinste leere Plätzchen mehr im Magen, in dem ein so mächtiges Gericht wie Reis mit Mango noch irgendwo hätte untergebracht werden können.

Aber nun saßen wir in einem jener uralten, verbeulten Bangkoker Taxis, die schon längst keine Stoßdämpfer mehr haben, und jagten in halsbrecherischem Tempo durch das nächtliche Bangkok ans andere Ende der Stadt. Dort, in einem winzigen Restaurant, sollte dieses köstlichste Dessert der Welt am allerbesten sein.

Natürlich war es eine Schnapsidee! Es war spät, das Lokal leer bis auf ein paar letzte Gäste. Und der Ober schüttelte abweisend den Kopf – er habe gar keine Mangos im Haus. Es war Ende März, der zaghafte Beginn der viel zu kurzen Mango-Saison. Doch Thanadsri, in Thailand als ein Cousin des Königs überall bekannt, ebenso als verwegener Pilot, durchs Fernsehen und als Restaurantkritiker, ließ nicht locker. Es wurde hin und her diskutiert, mit Nachdruck, aber natürlich stets mit liebenswürdigem Lächeln.

Schließlich Einigkeit: Es wurde ein Bursche losgeschickt, um auf dem nächsten Nachtmarkt einzukaufen. Die Früchte wurden – längst war die Angelegenheit zur Chefsache geworden – vom herbeigeeilten Restaurantbesitzer einer strengen Prüfung unterzogen, in der Hand gewogen, ihre Reife mit behutsamem Fingerdruck und mit der Nase untersucht. Der arme Junge mußte noch zweimal auf seinem Moped davonknattern, bis seine Einkäufe akzeptiert wurden.

Endlich, längst war Mitternacht vorbei, wurde serviert: Ein glasig schimmernder Klebreis, durchtränkt von duftender Kokossahne, dazu die beste Mango, die wir je gekostet haben. Das Messer glitt wie durch Butter in ihr leuchtend gelboranges, vollkommen faserfreies

Fleisch. Es schmolz geradezu auf der Zunge, schmeckte süß und fruchtig, der Duft war unbeschreiblich und hatte ganz und gar nichts mit jenem Terpentinaroma zu tun, das man häufig von Mangos kennt. Die sanfte Konsistenz des Fruchtfleischs, zusammen mit dem Biß der Reiskörner, dazu die cremige Kokossahne – das war in der Tat ein großartiges Vergnügen, ein bemerkenswerter Genuß!

Möglich war dieses Abenteuer nur, weil die Thais offenbar ständig Hunger haben und zu jeder Tages- und Nachtzeit essen können! So durchziehen appetitliche Gerüche Stadt und Land; Tag- und Nachtmärkte, Tempel und tausenderlei Läden und Handlungen verströmen ihre lockenden Düfte.

Platz zum Essen gibt's überall – hier lädt ein ordentlich eingerichtetes Restaurant zu Tisch, dort verspricht eine simple Bretterbude deftigen Wohlgeschmack. In einem provisorisch umgerüsteten Wohnzimmer ißt man nicht schlechter als an einem Marktstand, ein paar Kisten bilden ein Straßenrestaurant mit bescheidenem Komfort – und auch dort wird man im allgemeinen wunderbar essen, von frisch gewaschenem Teller mit richtigem Besteck. Keine Straßenecke ohne kleine Garküche, Imbißbude oder wenigstens einen Obstverkäufer, der seine Früchte mundgerecht geschält und zugeschnitten anbietet.

Überhaupt das Obst! Es hat in Thailand eine viel größere Bedeutung als bei uns. Nicht nur, weil Thailand ein einziger Obstgarten zu sein scheint, sondern vor allem, weil Obst früher der wichtigste Flüssigkeitslieferant war. Ehe moderne Technik gekühlte Fruchtmixgetränke, Säfte und Bier überall verfügbar machte, war Obst die einzige Erfrischung – Wasser mußte immer abgekocht werden, man trank es allenfalls im Tee.

In der Saison durchzieht das strenge Aroma der geliebten, begehrten, teuren Durian die Straßen Bangkoks – man muß es mögen, dieses für unsere Begriffe stinkende, gleichzeitig widerliche und angenehme, unglaublich sättigende, sahnige Fruchtfleisch, das vorsichtig aus den Kammern der mit dicken Stacheln versehenen Frucht gelöst wird; weniger intensiv, aber noch süßer und klebrig die gelben Gebilde, die geduldige Frauenhände aus den riesigen, mit pyramidenförmigen Buckeln versehenen Jackfruits pulen; erfrischend dagegen die ganzjährig präsente Ananas, die man ebenfalls überall eßfertig bekommt, praktischerweise in Stückchen geschnitten, in kleine Plastiktüten verpackt und mit einem Zahnstocher versehen, so daß man sie unverzüglich verspeisen kann.

Entlang der Ausfallstraßen Bangkoks locken Hunderte von üppig gestapelten Obstbergen die hastigen und vom heftigen Verkehr gequälten Reisenden. Prächtige Bündel der kleinen, dünnschaligen, herrlich saftigen und aromatischen Bananen; große und kleine Melonen verschiedenster Art und Farbe; enorme, dickschalige Pomelos mit erstaunlich festem, einerseits saftigem, andererseits aber nicht tropfendem Fruchtfleisch; Büschel von zwischen zartrosa-weißlich und olivgrünbraun changierenden Litschis, deren opakes Fruchtfleisch beim Zubeißen so köstlich im Mund zerplatzt; die innen ganz ähnlichen, außen aber leuchtendroten, haarigen Rambutans; grüne, ganz süße, mandarinenähnliche Orangen (die hier keine intensive Farbe bekommen, weil die kühlen Nächte fehlen); riesige grü-

ne, mit orangen oder roten Flecken leuchtende Papayas. Die schwarzblauen Mangostanen, in deren faseriger Beerenhülle fünf bis acht Fruchtsegmente von unvergleichlichem Wohlgeschmack sitzen – diese köstlichste Frucht der Tropen verdirbt schnell, ist daher besonders teuer; knackig-saftige, grüne und rosa Rosenäpfel; die sahnigen, wie grüne Pinienzapfen aussehenden Anonen (Cherimoyas); die rosabraunen Sapodillas, die erst weich werden und so herrlich schmecken, wenn sie kurz vor dem Verfaulen sind.
An allen Stränden findet man Händler, die für ein paar Groschen eine in der Eisbox gekühlte frische Kokosnuß aufhacken, die man mit einem Röhrchen austrinkt und dann ihr noch weiches, glasiges Fruchtfleisch mit einem Löffel herausschabt; die rasch eine wirklich reife, betörend duftende Ananas sorgfältig schälen und in Stücke schneiden; oder eine saftig-zarte Mango in der Hand schälen und ohne Fasern vom Kern lösen.
Und schließlich die berühmten schwimmenden Obst- und Gemüsemärkte, die schon seit Jahren von Bangkok weg in das 60 Kilometer südlich gelegene Damnoen Saduak abgewandert sind, wo es zwischen Obstplantagen und Gemüsefeldern noch offene Kanäle gibt (in Bangkok wurden die meisten für Straßen zugeschüttet). Hier findet noch echter Handel statt, obwohl auch hier die Touristen bald das Übergewicht bekommen – aber es ist noch etwas anderes als jene schwimmenden Märkte Bangkoks, die nur für Touristen eingerichtet wurden und in denen man auf dem Boot von einem Souvenirladen zum anderen Supermarkt für Touristenartikel gefahren wird. Man kann sich köstliche Säfte pressen lassen, aus den erwähnten Früchten oder Zuckerrohr, das gleichzeitig süß und erfrischend schmeckt, am besten noch mit etwas Limonensaft gesäuert – wie man überhaupt das reife, aromatische Obst fast immer noch säuert, um den Geschmack zu heben. (Bei uns wird man eher neben Zitronensaft auch ein wenig Zucker zugeben müssen, auch an gemischte Obstsalate, denn die gekühlt transportierten Früchte sind nie so reif wie die vor Ort gepflückten; und bitte auf alkoholische Zugaben zugunsten des Fruchtaromas verzichten!) Man kann zuschauen, wie Palmzucker gekocht wird. Und man kann sich, vorzugsweise von April bis Juni, im Boot an den Gärten vorbeifahren lassen und die verschiedensten *Mango*-Sorten direkt vom Baum probieren – da beginnt man dann zu begreifen, warum die Preise für die verschiedenen Sorten so unterschiedlich sind: Die einen sind säuerlich, fest und faserig, die anderen, die viermal soviel kosten, süß, saftig und schmelzen auf der Zunge dahin...

Ananas-Punsch

(ohne Alkohol)

Für einen Drink:
1/8 l Ananassaft mit der gleichen Menge zerstoßenem Eis, 2 EL Limonen- oder Zitronensaft und 2 EL Maracujasirup und einigen Minzeblättern kurz mixen. Über zerstoßenes Eis gießen. Mit einem Stück auf Zahnstocher gespießte Ananas, garniert mit einem Minzezweig, servieren.

Coconut-Dream

Für einen Drink (links im Bild):
Je 6 EL Kokossahne, Ananassaft und zerstoßenes Eis mit je 2 EL Grenadine und weißem Rum mixen. Wie oben beschrieben mit einem Kräuter-Obst-Spieß dekorieren und servieren.

Sundowner

Für einen Drink (rechts im Bild):
4 EL Rum, Saft einer halben Limone, 1 TL Zuckersirup und 6 EL Ananassaft mit 4 Eiswürfeln mixen. Mit einem Minzezweig im Long-Drink-Glas servieren.

Gebratener Reis in der Ananas

*Für vier Personen (Bild unten rechts):
1 mittelgroße Ananas, 100 g gekochter Schinken,
2–3 grüne Chili, 1 rote Paprikaschote, 3 Schalotten,
2 Knoblauchzehen, 2 cm Ingwerwurzel, 2 EL Öl,
2 EL Rosinen, 2 Selleriestengel,
4 Tassen gekochter Reis,
ca. 1/8 l Hühnerbrühe, 1–2 EL Fischsauce,
Salz, Pfeffer, Koriandergrün*

1.
Die Ananas schälen, vierteln, vom Strunk befreien, in zwei bis drei cm große Würfel schneiden. Den Schinken in ebensogroße Scheibchen schneiden. Chilis entkernen und winzigfein würfeln, Paprika in etwas größere Würfel schneiden.

2.
Schalotten, Knoblauch und Ingwer feinhacken, im heißen Öl anbraten. Den Schinken, die Rosinen, Chilis und den Paprika mitschwenken.

3.
Schließlich den in feine Scheibchen gehobelten Sellerie zufügen – das Blattgrün beiseite legen.

4.
Den Reis in die Pfanne geben, alles sorgsam miteinander mischen, dabei mit Hühnerbrühe anfeuchten. Mit Fischsauce, Salz und Pfeffer würzen.

5.
Erst ganz zum Schluß die Ananasstücke unterrühren und erhitzen. Feingeschnittenes Sellerie- und zerzupftes Koriandergrün darüberstreuen und servieren.

TIP
Besonders hübsch sieht es aus, wenn man den gebratenen Reis in einer ausgehöhlten Ananashälfte serviert. Der Reis gewinnt dabei noch zusätzliches Obstaroma, wenn man die gefüllten Fruchthälften noch einige Minuten im vorgeheizten Backofen durchwärmt. Was an Fruchtfleisch zuviel ist (damit jeder aus einer Hälfte essen kann, braucht man ja zwei Früchte), wird zu Saft gepreßt, zum Beispiel für den Begrüßungsdrink (Seite 145). Übrigens: Ananassaft erhält man am leichtesten mit einer Handpresse, die die Früchte ausquetscht. In einer Zentrifuge schäumt der Saft zu sehr auf und wird dick.

Salat aus grüner Mango

*Für vier Personen:
2 unreife, grüne Mango, 1 TL Zucker, 1 EL Fischsauce,
2 EL Limonensaft, je 1 EL gehackter Ingwer und
Knoblauch, 2–3 Chilischoten (rot und grün), 2 Schalotten,
2 Frühlingszwiebeln, Koriandergrün, frische Minze und
Thai-Basilikum*

1.
Die Mangos mit einem Kartoffelmesser (Sparschäler) ganz dünn abschälen. Das Fleisch mit einem großen Messer parallel zum flachen Stein abschneiden, in schmale Streifen schnetzeln.

2.
Mit Zucker, Fischsauce, Limonensaft, Ingwer und Knoblauch anmachen.

3.
Die Chili entkernen und winzig würfeln. Schalotten und das Weiße der Frühlingszwiebeln in hauchfeine Scheibchen, das Frühlingszwiebelgrün in halbzentimetergroße Ringe schneiden.

4.
Mit den marinierten Mangostreifen und zerzupften Koriander-, Minze- und Basilikumblättern mischen.

TIP
Statt der nicht überall erhältlichen, unreifen Mango kann man übrigens sehr gut auch festfleischige Äpfel nehmen, die man mit Zitronensaft noch säuerlicher macht. Am besten geeignet: Elstar oder Glockenäpfel, die schön knackig sind. Ein Teil entkernte, in dünne Halbringe geschnittene Gurke gibt dem Salat noch zusätzliche Frische und Biß.

Entenbrust mit Ananas und Broccoli

Entenbrüste kann man ausgelöst küchenfertig kaufen – sie kommen vakuumverpackt aus Frankreich. Ihre Haut zieht man am besten vor der Zubereitung ab, sie wird beim Schmoren weich. Aber köstlich schmeckt sie, wenn man sie in Rauten oder Flecken schneidet und langsam im eigenen Fett ausbrät. Dabei werden die Stücke goldgelb und herrlich knusprig. Auf Küchenpapier abgetropft ein Snack zum Aperitif!

Für vier Personen (Bild Seite 124/125):
2 EL getrocknete Mu-Err-Pilze (chinesische Morcheln),
2 ausgelöste Entenbrüste, 2 EL Öl,
je 2 TL gehackter Knoblauch und Ingwer,
2–3 getrocknete Chilischoten, 200 g Broccoli, 1 Zwiebel,
75 g Bambussprossen, 1 TL Zucker, Pfeffer,
2 EL Sojasauce, 2 EL Fischsauce, 1/2 frische Ananas,
Frühlingszwiebel, Koriandergrün

1.
Die Pilze mit kochendem Wasser überbrühen und einweichen.

2.
Die Entenbrüste quer in zentimeterbreite Scheiben schneiden, im heißen Öl rasch unter Rühren anbraten, dabei mit Knoblauch, Ingwer und zerkrümelten Chilischoten bestreuen. Schließlich herausheben und beiseite stellen.

3.
Zwiebel in Achtel, Broccoli in Röschen teilen, Stiele sowie Bambus in dünne Scheiben schneiden. In die Pfanne geben, unter Rühren eine Minute braten, dabei mit Zucker, Pfeffer, Soja- und Fischsauce würzen.

4.
Die eingeweichten Pilze – wenn nötig, auf mundgerechte Größe zurechtschneiden – zum Gemüse geben und eine weitere Minute mitdünsten.

5.
Die Hälfte der Ananas in zweizentimetergroße Würfel schneiden, den Rest zu Saft pressen. Zuerst den Saft in die Pfanne rühren, aufkochen und schließlich die Ananaswürfel untermischen.

6.
Zum Schluß die beiseite gestellten Entenbrustscheiben mitsamt dem inzwischen ausgetretenen Saft in die Pfanne geben. Alles noch einmal erhitzen, abschmecken und verschwenderisch mit Kräutern bestreut zu Tisch bringen.

Kokosreis mit Mango

Für vier Personen:
2 Tassen Klebreis (siehe Seite 120), 3 Tassen Kokosmilch,
2 EL Zucker,
1 Prise Salz, 2 reife Mangos, 1/8 l dicke Kokossahne

1.
Den Reis über Nacht mit Wasser großzügig bedeckt einweichen. Dann mit Kokosmilch, Zucker und Salz in einen möglichst dickwandigen Topf füllen (zum Beispiel aus Gußeisen, das die Hitze gut leitet).

2.
Zunächst ohne Deckel einige Minuten kochen, bis die Flüssigkeit nur noch dünn auf dem Reis steht. Schließlich zugedeckt auf kleinstem Feuer etwa 20 Minuten quellen lassen.

3.
Die Mangos schälen, ihr Fleisch vom Stein schneiden. In Streifen oder Würfel teilen, auf einem Bett von Kokosreis anrichten. Mit dicker Kokossahne übergießen.

Kokoseis

Für vier Personen:
400 g frisches Kokosfleisch, 600 ml Wasser, 125 g Zucker

1.
Das Kokosfleisch fein raspeln, mit dem kochenden Wasser überbrühen und etwas ziehen lassen.

2.
Inzwischen den Zucker in ganz wenig Wasser aufkochen, bis er völlig gelöst ist.

3.
Die Kokosmasse durch ein Tuch filtern, dabei fest ausdrücken. Unter diese Kokossahne jetzt den Zuckersirup rühren.

4.
In der Eismaschine unter Rühren gefrieren lassen.

TIP
Die ausgedrückte Kokosmasse, ein zweites Mal mit heißem Wasser überbrüht, ergibt eine dünnere Kokosmilch, die zum Reiskochen, für Suppen und Saucen immer noch bestens geeignet ist.

DIE WICHTIGSTEN FRÜCHTE

Ananas liebt man nicht nur als Frucht, sondern auch als Zutat für Salate oder Reisgerichte. Die derbe Schale der saftigen Früchte schneidet man übrigens mit einem großen, scharfen Messer weg. Die von schwarzen Härchen umsäumten »Augen« entfernt man am leichtesten durch eine spiralförmig sich um die Frucht windende Kerbe. Dabei bitte großzügig, vorgehen, denn die störrischen »Wimpern« trüben den Genuß. Den Strunk in der Mitte kann man nur mitessen, solange er noch zart ist. Ansonsten wird die Frucht schließlich geviertelt, vom Strunk befreit und quer in Stücke geschnitten. Sie können auch die ganze Frucht vierteln, den Strunk abschneiden, das Fruchtfleisch wie bei einer Melone von der Schale und quer in Stücke schneiden, die, damit es schöner aussieht, jeweils abwechselnd nach der einen oder anderen Seite herausgeschoben werden. (Siehe Bild Seite 165 unten rechts).

Kokosnuß (Bild unten links) ist ein besonderer Genuß, solange sie noch grün und ihr Fruchtfleisch glasig und weich ist. Das glibbrige, köstliche Fleisch schabt man mit einem Löffel oder einem Stück flach abgeschlagener Kokosschale aus der oben geöffneten Nuß. Der klare Kokossaft im Innern ist gut gekühlt ein erfrischendes Getränk. Zum Kochen oder Mixen allerdings braucht man Kokosmilch oder -sahne. Selbstgemacht aus frischen Raspeln, aus der Dose oder aus dehydriertem Kokosfleisch (Asienladen).
Der erste Aufguß gilt als Sahne, der zweite ist die Milch. Siehe auch dazu Seite 100.

Bananen (Bild oben) gibt es in unendlich vielen Sorten. Nur die wenigsten ißt man roh, die meisten werden gebacken, gebraten, fritiert, öfter salzig zubereitet als süß. Zum Reinbeißen köstlich: die kleinen, fingerlangen Eierbananen, die immer häufiger auch bei uns zu haben sind.

Lychees und die ähnlichen **Rambutans** (Bild unten rechts) kennt man hierzulande nicht mehr nur aus der Dose. Sie werden immer häufiger auch frisch angeboten. Dann sind sie wunderbar säuerlich, mit angenehmem Biß.

Durian (Bild rechte Seite oben): Sie verbreiten einen unglaublich intensiven Geruch, der an verdorbenen Käse erinnert. Deshalb ist ihr Transport in öffentlichen Verkehrsmitteln verboten, und man darf sie nicht in Hotels mitnehmen. Wer sie probieren will, sollte mit gefrorenen oder gut gekühlten Früchten anfangen - erst nach Gewöhnung kann man sie so genießen, wie die Asiaten: überreif bei tropischen Temperaturen. Das cremig weiche und weiße Fruchtfleisch ist unglaublich fett und sättigend.

Mango gilt als die Königin der Früchte. Die noch unreife, grüne Frucht liebt man, mit einer pikanten Sauce gewürzt, als Salat. (Siehe das Rezept Seite 146). Das leuchtendgelbe, duftende Fleisch des reifen Obstes muß cremig-zart sein. Auf behutsamen Fingerdruck gibt es nach, etwa wie zimmerwarme Butter. Dann ißt man es pur oder – Gipfel des Genusses! – zusammen mit Kokosreis (Rezept Seite 147).

Papaya (Bild ganz unten links): Außen dunkelgrün, innen rötlich-orange mit schwarzglänzenden, stecknadelkopfgroßen Samenkernen. Das nur wenig süße, eher milde Fruchtfleisch schmeckt am besten mit einigen Tropfen Limonensaft beträufelt. Aus unreifen, also grünen Papaya macht man ähnlich wie aus grüner Mango scharfe, würzige Salate.

Wassermelone ist immer erfrischend und sorgt mit ihrem leuchtend-roten Fleisch für Farbtupfer auf der Obstpalette.

Mangostan (Bild unten links): Bildschöne Früchte mit fester, bräunlicher, bis ins Lila und fast schon Schwärzliche spielender dick wattierter Schale, in der das weiße, sahnig-fruchtige, herrlich aromatische Fleisch als unregelmäßig geformte Segmente sitzt.
Die Früchte wachsen auf niedrigen Bäumen, die frühestens nach 15 Jahren überhaupt Früchte tragen. Ihr Anbau ist also kompliziert und langwierig – deshalb (und weil sie schnell verderben) sind Mangostanen rar und teuer. Leider steckt in der Schale häufig bereits braun verfärbtes, verdorbenes Fleisch – von außen läßt sich das nicht beurteilen.

Salak oder **Schlangenfrucht** (Bild unten rechts): Die Oberfläche ihrer dünnen, festen Schale wirkt tatsächlich wie die zart geschuppte, glänzende Haut einer Schlange. Sie läßt sich durch bloßen Fingerdruck leicht aufbrechen, das Fruchtfleisch darunter ist fest und knackig, hat einen sehr charakteristischen Geschmack, säuerlich-fruchtig und nicht zu süß.

Passionsfrucht (Bild ganz unten), besser bekannt als Maracuja. Das glibbrige fruchtig-saure Fleisch umhüllt zahllose schwarze Samenkörner.

Vietnam

Von herzhaften Bauernschalen und feinen Herrensuppen

Schauen Sie sich mal in Ihrem Bekanntenkreis um: Wem würden Sie zutrauen, daß er ein Restaurant erfolgreich führen könnte – Wirte und Köche natürlich ausgenommen? Die vietnamesischen Restaurants bei uns – die ersten wurden etwa zu Beginn der siebziger Jahre eröffnet – haben Flüchtlinge gegründet, die ihr kriegsgeschütteltes Land auf abenteuerlichen Wegen verlassen mußten. Da gab es kaum Köche darunter, Wirte schon gar keine. Es waren hauptsächlich Lehrer, Bankdirektoren, Rechtsanwälte. Leute, die mit ihrem erlernten Beruf hier kaum eine Chance hatten. Sie begründeten die erste Generation vietnamesischer Restaurants in Deutschland, vor allem, wenn sie ein wenig Geld hatten retten können. Allerdings: Auf so praktische Fähigkeiten wie das Kochen verstanden sie sich nur selten, zumal sie zu Hause in Vietnam meist vom eigenen Personal versorgt wurden. Das erklärt, warum das Essen, das man in den vietnamesischen Restaurants in Deutschland bekommt, eher unbeholfen, derb und unelegant wirkt. Wie großartig und erlesen, wie leicht und frisch, wie bekömmlich und geschmackvoll, wie anmutig die vietnamesische Küche sein kann, läßt sich so leider kaum erahnen.

Anders als etwa in Frankreich, der ehemaligen Kolonialmacht, wo dank der traditionellen Verbindungen allezeit Spezialisten herbeigeholt werden konnten, die sich meisterlich aufs Kochen verstanden. Und so lassen sich eher in Paris Restaurants entdecken, in denen man hier in Europa vorzüglich vietnamesisch speisen kann. Mehr als tausend Jahre lange chinesische Kolonialherrschaft (von 111 v.Chr. bis 939 n. Chr.) hat die Küche Vietnams natürlich beeinflußt: Zum Beispiel werden die Zutaten ebenfalls bereits in der Küche kleingeschnitten; weil man so raren Brennstoff und teure Ingredienzen spart und zweitens, weil es einen so barbarischen Gegenstand wie ein Messer bei Tisch überflüssig macht. Was die Lieblingsgerichte angeht, so hält man sich an den Merksatz von Konfuzius: »Der Küche eines Mandarins verleihen drei Dinge Glanz: das Schwein, die Ente und der Karpfen.« Hauptrolle spielen jedoch Gemüse und, anders als in der chinesischen Küche, rohe Zutaten in verschwenderischer Menge, wie Kräuter, Salatblätter, Sojakeime, Wurzelgemüse in haarfeine Streifen geschnitten. Frisches liefert Vitamine, sorgt für Biß, Duft und Farbe.

Essen gilt den Vietnamesen keineswegs zur Nahrungsaufnahme allein, sondern ist wichtigstes kulturelles Ziel. An der Art, was und wie ein Mensch ißt, wird er gemessen und beurteilt. »Wer mit Eßstäbchen umzugehen weiß, versteht auch, mit Worten umzugehen«, lautet eine entsprechende Erziehungsweisheit.

Reis spielt natürlich auch bei einer vietnamesischen Mahlzeit die zentrale Rolle; er darf niemals fehlen – um ihn gruppieren sich die verschiedenen Gerichte, Beilagen und Saucen. Es handelt sich dabei stets um polierten Langkornreis, strahlend weiß, die einzelnen Körner ganz zart aneinanderhaftend, damit sie bequem mit Stäbchen aufgenommen werden können. Auf keinen Fall der im Westen so beliebte *parboiled* Reis, der durch eine entsprechende Vorbehandlung zwar voller Vitamine steckt und keinerlei Probleme beim Kochen macht, aber kaum eigenen Geschmack aufweist und keine Saucen und Aromen aufzunehmen imstande ist.

DIE TYPISCHEN VIETNAMESISCHEN GEWÜRZE:

Nuoc Mam, Fischsauce: Die vietnamesische Variante zur Sojasauce, aus fermentiertem Fisch hergestellt, von intensivem Duft und charakteristischer Würze (in Thailand heißt sie Nam plaa).

Ingwer: Die frische Wurzel braucht man, geschält und feingehackt, für viele Gerichte aller asiatischen Küchen. Man kann Ingwer auch feingehackt einfrieren – ausgebreitet auf einem Tablett vorfrieren, dann zerkrümelt in Tüten verpackt lagern; so läßt sich portionsweise entnehmen, was man braucht.

Sternanis: Bildschöne, tatsächlich sternförmig zusammengewachsene Gewürzkapseln, in denen jeweils kleine, glänzende, braune Samenkerne stecken. Ihr kräftiger Anisgeschmack wird von einem geheimnisvollen, typischen Duft begleitet, der vor allem für die berühmte Suppe *Pho* gebraucht wird (siehe das Rezept rechts).

Fünfgewürzpulver: Eine Mischung, die auch in der chinesischen Küche geschätzt wird; aus fein gemahlenem Szechuanpfeffer, Zimt, Sternanis, Nelke und wildem Fenchel.

Vietnamesischer Koriander (auf dem Bild unten, ganz links) schmeckt sehr eigentümlich, völlig anders als der normale und sieht übrigens auch vollkommen anders aus: Er hat lange, schmale Blättchen, wächst rasend schnell, und die Stengel bilden sofort Wurzeln, wenn sie die Erde berühren oder in Wasser gestellt werden. Läßt sich leicht auf dem Balkon oder im Haus ziehen und wird bald eine unverzichtbare Zutat für Gourmets.

Vietnamesische Melisse: Ähnelt ein wenig unserer Zitronenmelisse, ihr Geschmack ist exotischer, erinnert dabei an Minze, die ebenfalls eine wichtige Rolle in der vietnamesischen Küche spielt. Am meisten schätzt man die würzige arabische **Minze**, deren Duft allgegenwärtig ist. Wie auch das

Koriandergrün, das Kraut, das aus jenen Koriandersamen wächst (auch im Blumentopf auf der Fensterbank), mit dem wir unser Brot würzen. Den charakteristischen Duft vom grünen Koriander, »Wanzenkraut«, mag nicht jeder; er gehört aber unbedingt dazu!

Königliche Suppe Pho

Die Nationalsuppe der vietnamesischen Küche, auch Hanoisuppe oder 24-Stunden-Suppe genannt, weil die Brühe lange ziehen muß, bis sich alle Aromen vermählt haben, und weil sie abkühlen muß, damit das Fett an der Oberfläche erstarrt und abgenommen werden kann. Die kräftige, duftende, absolut fettfreie Brühe wird erst bei Tisch in die Suppenschalen gefüllt. Jeder Gast würzt sich seine Portion mit einigen Tropfen Zitronen- oder Limonensaft sowie mit Nuoc-Mam-Dip, wie im Rezept für Bauernschale (Seite 156) beschrieben.

Zutaten für ca. 3 Liter Brühe (Bild Seite 150/151):
3–4 Markknochen, 2 kg Ochsenschwanz, 500 g Suppenfleisch, 1 Ingwerknolle (100 g), 1 große Zwiebel, 1 Lauchstange, 1–2 frische Chilischoten, 1 EL Pfefferkörner, 1/2 TL Pimentkörner, 1 Muskatnuß, 1 Zimtstange, 3 ganze Sternanis, 2 Nelken, 4–6 EL Fischsauce
Zum Servieren pro Person:
25 g Reisnudeln, 30 g Rinderfilet, 1 Frühlingszwiebel, Zitronenscheiben, frische Kräuter

1.
Mit den Markknochen einen großen Suppentopf auslegen. Darauf Ochsenschwanzstücke, Suppenfleisch, den in Scheiben geschnittenen Ingwer, die grob gehackte, ungeschälte Zwiebel, die zerkleinerte Lauchstange betten. Dazwischen die Gewürze verteilen. Mit vier Litern Wasser und Fischsauce auffüllen.

2.
Ohne Deckel langsam zum Kochen bringen, erst wenn der Schaum an der Oberfläche wieder verschwunden ist, den Deckel auflegen, die Suppe mindestens sechs Stunden, ruhig auch länger, leise ziehen lassen.

3.
Durch ein Sieb filtern, Knochen, Gewürze und ausgekochtes Gemüse wegwerfen. Fleisch vom Knochen lösen, von allen Häuten und Sehnen befreien und kalt stellen; daraus läßt sich mit Kräutern und Frühlingszwiebeln noch ein wunderbarer Salat mischen. Die Brühe kalt stellen, am nächsten Tag entfetten.

4.
Zum Servieren die Nudeln mit kochendem Wasser überbrühen und eine halbe Stunde quellen lassen. Abgetropft in Suppenschalen verteilen.

5.
Das Rinderfilet quer zur Faser in dünne Scheiben, die Frühlingszwiebeln in feine Ringe schneiden und auf den Nudeln anrichten.

6.
Am Tisch mit kochendheißer Brühe auffüllen und mit Zitronenscheiben und Kräutern garnieren.

Bauernschale

Man kann Schweinerippchen dafür nehmen – die übrigens nach diesem Rezept mariniert auch vom Grill ganz köstlich schmecken – oder schön durchwachsenen Schweinebauch. Wem dies zu fett ist, nimmt ein Stück aus der Schweineschulter oder vom Hals.

Für vier Personen (Bild Seite 150/151):
500 g Schweinefleisch, 2 EL Fünfgewürzpulver, 1/2 TL Zucker, 1–2 getrocknete Chilischoten, 2 Knoblauchzehen, 4 EL Nuoc-Mam-Sauce, Salz, Pfeffer, 6 EL Öl
Außerdem:
300 g feine Reisnudeln (Engelshaar), 2–3 EL Röstzwiebeln, Salatblätter, Sojakeime, einige Minze-, Basilikum- und Korianderzweige, Salatgurkenscheiben
Nuoc-Mam-Dip:
5 EL Nuoc Mam, 5 EL Zitronensaft, 5 EL Wasser, 1/2 TL Zucker, 1–2 Chilischoten, 2 Knoblauchzehen, 1 Frühlingszwiebel, Korianderblätter

1.
Das Fleisch in fingerstarke Scheiben schneiden. In einer Lake aus Fünfgewürzpulver, Zucker, zerbröselten Chili, durch die Presse gedrücktem Knoblauch, Nuoc Mam, Salz, Pfeffer und 2 Eßlöffeln Öl marinieren. Immer wieder umwenden, damit das Fleisch überall durchdrungen wird.

2.
Die Reisnudeln mit kochendem Wasser überbrühen und bis zum Servieren quellen lassen. Dann abtropfen, auf einer Platte anrichten und mit Röstzwiebeln bestreuen. Man ißt sie lauwarm oder sogar kalt.

3.
Salatblätter, Sojakeime, Kräuter und in Streifen geschnittene Gurke rund um die Nudeln anordnen.

4.
Das Fleisch abtropfen, im heißen restlichen Öl kroß braten, dabei immer wieder in der Pfanne schwenken und mit Marinade benetzen. Durchwachsenes Fleisch braucht länger zum Garwerden als mageres, dafür wird es zarter.

5.
Das knusprig gebratene Fleisch auf dem Nudelbett anrichten.

6.
Für den Nuoc-Mam-Dip alle Zutaten fein zerkleinern und miteinander verrühren.

Garnelen mit Sojakeimen und Minze

Ein köstliches Gericht, das im Wok rasch zubereitetet ist. Dazu ißt man Reis sowie die unerläßlichen Salat- und Kräuterblätter, die in Vietnam einfach immer dazugehören.

Für vier bis sechs Personen:
400 g ausgelöste, rohe Garnelen, 1 TL Speisestärke, 3 EL Öl, je 1 EL feingehackter Knoblauch und Ingwer, 1 Chilischote, 2 Frühlingszwiebeln, Salz, Pfeffer, 250 g Sojakeime, einige Minzezweige, 1/2 TL Zucker, 2 EL Nuoc Mam, 3–4 EL Wasser

1.
Die Garnelen waschen, längs ihres Rückens aufschlitzen, den nunmehr sichtbar werdenden Darm entfernen. Die Garnelen je nach Größe längs halbieren oder sogar vierteln und mit Speisestärke einreiben.

2.
Das Öl im Wok oder einer großen Pfanne erhitzen, die Garnelen darin rasch unter Rühren herumwirbeln und braten, dabei Knoblauch und Ingwer, die gehackte Chilischote und das in feine Ringe geschnittene Weiße der Frühlingszwiebeln hinzustreuen.

3.
Sobald die Garnelen sich rosa gefärbt haben, salzen, pfeffern, herausheben und beiseite stellen.

4.
Die Sojakeime in die Pfanne geben und sekundenlang umherwirbeln, schließlich alles wieder in die Pfanne füllen, auch die Minzeblätter zufügen, mit Zucker und Nuoc Mam würzen. Zum Schluß mit einem Schuß Wasser für Feuchtigkeit sorgen.

Lackierte Ente

Das Paradegericht der vietnamesischen Küche. Man liebt die Ente mit Speisefarbe leuchtend rot gefärbt, weil das die Prächtigkeit des Vogels unterstreicht. In unseren Augen wirkt das jedoch eher befremdlich, man kann daher ohne weiteres darauf verzichten, zumal die Farbe keinen Einfluß auf den Geschmack hat.

Für vier Personen:
1 schöne fette Bauernente von ca. 2 kg,
2 EL Fünfgewürzpulver, 3 EL Reiswein (oder Sherry),
4 EL Sojasauce, 1 EL Zucker, 3 Knoblauchzehen
Außerdem:
300 g Sojakeime, 2 EL Öl, 2 Frühlingszwiebeln,
2 EL Fischsauce, 4 EL Hoisinsauce

1.
Die Ente mit einer Marinade aus Fünfgewürzpulver, Reiswein, Sojasauce, Zucker und durchgepreßtem Knoblauch rundum einpinseln. Die restliche Marinade in den Entenbauch gießen. Die Ente in alle Richtungen drehen und wenden, damit sie innen überall davon erreicht wird.

2.
Die Ente mit der Brust nach unten auf den eingeölten Rost setzen und über die mit Wasser gefüllte Fettpfanne in den auf 250 Grad vorgeheizten Backofen schieben.

3.
Nach einer halben Stunde die Ente auf den Rücken legen, die Marinade aus dem Bauch in ein Töpfchen gießen. Den Ofen auf 200 Grad herunterschalten, die Ente eine weitere halbe Stunde braten.

4.
Zum Schluß die Ofenhitze noch einmal auf stärkste Stufe schalten. Die Ente mit der aufgefangenen Marinade einpinseln und weitere zehn Minuten braten, bis die Haut schön kroß geworden ist.

5.
Zum Servieren die Keulen abtrennen; das Brustfleisch ablösen, quer in fingerschmale Streifen schneiden.

6.
Die Sojakeime im heißen Öl rasch unter Rühren braten, dabei die in Ringe geschnittenen Frühlingszwiebeln zufügen. Mit Fischsauce und einem Löffel Entenmarinade würzen.

7.
Auf einer Platte ein Bett von Sojakeimen anrichten, die Entenkeulen und die Entenbruststreifen, die wieder zu ihrer ursprünglichen Form zusammengeschoben sind, anordnen. Mit Hoisinsauce servieren.

TIP
Aus der Karkasse läßt sich mit Wurzelwerk, etwas Ingwer und Knoblauch noch eine aromatische Brühe kochen.

Karamel-Bananen

Wie überall in Asien spielt auch in der vietnamesischen Küche der Nachtisch keine bedeutende Rolle. Man ißt Obst, meist völlig naturbelassen. Beliebt sind außerdem sehr süße Kuchen und Bällchen aus Klebreis oder Sojabohnen, die unserem Gusto nicht sehr entsprechen. Die gebackenen Bananen sind jedoch auch für unsere Gaumen ein Genuß. Dafür braucht man möglichst feste, fast unreife Bananen, die nicht so leicht zerbrechen.

Für vier Personen:
4 Bananen, 3 EL Öl, 150 g Zucker, 1 EL Essig,
knapp 1/8 l Wasser

1.
Die geschälten Bananen längs halbieren. Jede Hälfte noch einmal quer in zwei Stücke teilen. Im heißen Öl rundum sanft golden braten.

2.
In einem Töpfchen den Zucker mit Essig und Wasser zum hellen Karamel kochen.

3.
Die Bananenstücke einzeln in diesem Sirup wenden und nebeneinander auf eine eingeölte Platte setzen.

4.
Mit kaltem Wasser übergießen, damit der Sirup hart wird. Das Wasser abgießen, die Bananen sofort servieren, solange sie innen noch heiß sind.

KRATING

Röllchen, Täschchen und Omeletts – Vorspeisen auf vietnamesische Art

Es war kein gewöhnliches Restaurant. Die üblichen Versatzstücke, mit denen sonst asiatische Restaurants ausgestattet sind, fehlten: keine goldgeprägte (Plastik)-Kassettendecke, keine Pagodenschirmchen über den Lampen, kein Schummerlicht à la Suzie Wong. Statt dessen weiß gekalkte Wände, grün wuchernde Pflanzen, Bambuslampen, Thonetstühle, dazwischen ein paar erstklassige Plexiglasmöbel, lichte, heitere Atmosphäre. Mit dem Restaurant »Oanh« in der Münchner Lachnerstraße hatte sich der vietnamesische Designer Oanh Pham Phu einen Traum erfüllt. Seine vietnamesische Köchin, aus Paris herbeigeholt, Vietnams europäischer Hauptstadt, war großartig! Sie hätte ohne Übertreibung die zwei Michelinsterne verdient, die Witzigmann sich damals eben erkocht hatte. Aber: 1976, als das »Oanh« eröffnet wurde, war die Zeit noch nicht reif dafür. Man war in Deutschland gerade eben damit beschäftigt, die feine Nouvelle Cuisine aus Frankreich zu erlernen; die Küchen Asiens, das wußte man doch von den Chinarestaurants im Lande, waren billig und nicht erlesen. Sein finanzieller Atem, die Anfangsdurststrecke überstehen zu können, hatte nicht gereicht, und so mußte Oanh sein wunderschönes Restaurant nach knapp einem Jahr wieder schließen. Leider, heute würde man ihm die Bude einrennen. Manchmal bestraft das Leben eben auch den, der zu früh ist ...

Oanh's Restaurant war, und deshalb ist hier so ausführlich die Rede davon, obwohl es nicht mehr existiert, der perfekte Spiegel der vietnamesischen Küche: sie ist genauso klar und licht, ebenso gradlinig und auf das Wesentliche reduziert.

Die Einflüsse der chinesischen Küche sind groß, die Gemeinsamkeiten zahlreich; und dennoch sind die Unterschiede deutlich: es wird leichter gekocht, erheblich weniger Fett verwendet, dafür verschwenderisch mit frischen Kräutern, Salatblättern und rohen Gemüsen gearbeitet. Minze, asiatisches Basilikum, Zitronengras gehören dazu und, vor allem, Koriandergrün, wie man das auch aus der thailändischen Küche kennt. Und der entscheidende Unterschied zur chinesischen Küche: Statt mit Sojasauce wird mit *Nuoc Mam* gewürzt, jener Fischsauce, die auch in der Thaiküche als *Nam plaa* eine wichtige Rolle spielt.
Röllchen und kleine Snacks sind in der vietnamesischen Küche besonders wichtig. Man ißt sie den ganzen Tag über, als Vorspeise, als kleine Mahlzeit zwischendurch. Sie lassen sich praktischerweise zumeist gut vorbereiten und sind ideal geeignet, als Imbiß zum Aperitif oder als originelles Häppchen zum Aus-der-Hand-essen beim Sektempfang serviert zu werden.
Ansonsten ißt man mit Stäbchen, die möglichst aus Bambus oder einem anderen Holz gefertigt sein sollten. Kunststoff- oder Metallstäbchen gelten als geschmacksbeeinträchtigend und stillos.
Bei Röllchen, Täschchen oder Omeletts darf man jedoch auch getrost die Hände zu Hilfe nehmen. Die rohen oder gebackenen Glücks- und Frühlingsrollen, zum Beispiel, führt man mit der Hand zum Mund. Damit die Finger dabei sauber bleiben, wickelt man die Röllchen in jene Salat- und Kräuterblätter ein, auf denen sie serviert werden – es handelt sich also dabei nicht um Dekoration, sondern um einen Bestandteil der Mahlzeit!

DIE WICHTIGSTEN ZUTATEN

Nuoc Mam, wörtlich »Wasser vom salzigen Fisch«, kauft man in Flaschen in der Asienabteilung des Supermarkts oder im Asienshop. Man verwendet sie genau wie Sojasauce beim Kochen, nimmt sie löffelweise zum Würzen oder jeweils zu gleichen Teilen mit Wasser und Zitronensaft verlängert, mit Pfeffer, Möhrenstreifchen, Koriandergrün und zerbröselten getrockneten oder mit feinst gewürfelten frischen Chilis gewürzt als Dip-Sauce bei Tisch.

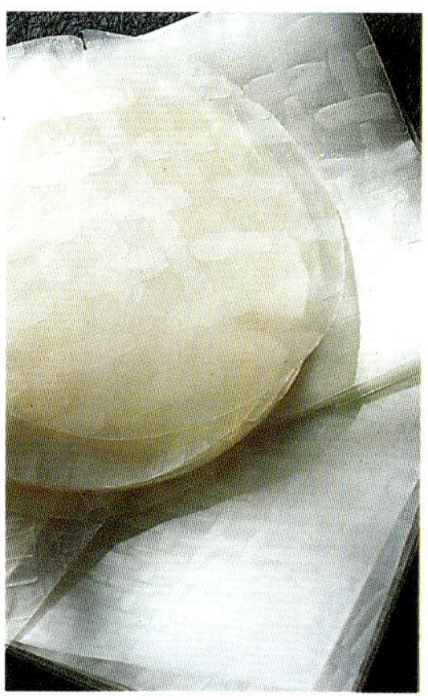

Reispapier: Aus Reismehl hergestellte, fast transparente, getrocknete Blätter, die man fertig kauft und als Hülle für verschiedene Röllchen und Häppchen benutzt. Es gibt sie rund mit unterschiedlichem Durchmesser und eckig. Man muß sie vorsichtig behandeln, weil sie leicht zerbrechen. Vor Gebrauch werden sie mit Wasser besprüht oder zwischen feuchten Tüchern liegend eingeweicht. Sie verlieren dann ihre Transparenz, werden biegsam, schimmern weiß und sind völlig neutral im Geschmack. Man nimmt diese Reispapierblätter auch für chinesische oder thailändische Frühlingsröllchen. (Siehe auch die Rezepte auf Seite 15 oder Seite 29).

Reismehl: Hat weniger Kleber als Weizenmehl, ist eher mit Speisestärke (im allgemeinen aus Kartoffeln) zu vergleichen. Gibt's in Asienläden.

Zitronengras: Das schilfartige Gras mit dem intensiven Zitronenduft, das in allen Küchen Südostasiens eine so wichtige Rolle spielt. Auch hier verwendet man nur den gebleichten, hellen unteren, etwa 15 Zentimeter langen Teil direkt über der Wurzel, quer in feine Streifen geschnitten oder einfach als Stück im ganzen mitgekocht. Getrocknetes Zitronengras, manchmal auch mit dem französischen Wort *citronelle* und dann fälschlich mit Zitronenmelisse übersetzt, ist ein leider nur unzulänglicher Ersatz.

Zuckerrohr

Das matte, mehr ins Blau-olive spielende Grün des im reifen Zustand übermannshohen Zuckerrohrs prägt die Landschaft, wo immer es in den Tropen wächst. Die getragenen Wellen, die entstehen, wenn der Wind sie in Bewegung setzt, geben dem Schilf immer wieder eine andere Farbe und verleihen der Gegend eine eigentümlich sanfte Atmosphäre... Manchmal sieht das Grün fast silbern aus (Bild ganz oben links). Kurz vor der Ernte werden die Zuckerrohrfelder in Brand gesetzt, damit die Arbeiter sich nicht an den messerscharfen Schilfblättern verletzen (Bild ganz oben rechts).

Besonders beliebt ist der Saft, den man aus dem frisch geschlagenen Schilfrohr pressen kann. Abenteuerliche Maschinen hat man dafür entwickelt, die etwa wie eine Wäschemangel arbeiten: die von allen Blättern befreiten Rohrstükke werden zwischen eisernen Walzen mit viel Kraftanstrengung ausgedrückt (Bild oben links). Der milde, erstaunlicherweise gar nicht so süße Saft bekommt erst durch Hinzufügen von Zitronensaft die nötige Frische, schmeckt dann aber auf Eiswürfeln gekühlt köstlich (Bild oben rechts).

Außerdem nutzt man die sorgfältig geschälten Zukkerrohrstangen für eine wunderbare Vorspeise: Längs in etwa fingerstarke, zehn Zentimeter lange Stücke geschnitten, umwikkelt man eine Hälfte mit einer Masse aus pürierten Garnelenfleisch, gut gewürzt mit Ingwer, Knoblauch und Fischsauce. Mit dem unteren, nicht umwikkelten Ende läßt sich das Rohrstück anfassen und auf den Grill legen. Die Garnelenmasse wird so unter gelegentlichem Wenden sanft gegart. So wird sie vom süßen Zuckerparfüm gewürzt und schließlich wie ein Eis am Stiel vom Zuckerrohr genagt. Eine hübsche Vorspeise, die man, wie Frühlingsröllchen zusammen mit einer großen Platte von Salatblättern und Kräutern serviert sowie der Nuoc Mam Dip-Sauce (Rezept Seite 162).

Vietnamesische Frühlingsrollen

Sie sind nur etwa männerdaumenlang und werden in heißem Öl schwimmend knusprig ausgebacken. Die Röllchen schmecken auch kalt, sollten aber nicht wieder aufgewärmt werden.

Für ca. 25 Stück:
25 Blatt Reispapier (oder TK-Frühlingsrollenhüllen),
50 g Glasnudeln, 30 g getrocknete Morcheln, 1 Zwiebel,
2 Knoblauchzehen, 1 kleine Möhre,
200 g Schweinehackfleisch, 2 Frühlingszwiebeln,
100 g Sojakeime, 1 Ei, Salz, Pfeffer
Außerdem:
Öl zum Fritieren, Salatblätter, einige Minze-, Koriander-, und Basilikumzweige, Salatgurke
Nuoc Mam Dip-Sauce:
1 durchgepreßte Knoblauchzehe, 4 EL Fischsauce,
4 EL Zitronensaft, Salz, 1/2 TL Zucker, Pfeffer,
1 EL haarfeine Möhrenstreifen, 1 EL winzig gewürfelte frische (oder zerkrümelte, getrocknete) Chilis

1.
Die Reispapierblätter nebeneinander auf einem nassen Küchentuch ausbreiten, mit einem Zerstäuber Wasser darübersprühen. Mit einem zweiten feuchten Tuch abgedeckt einweichen lassen.

2.
Glasnudeln und Morcheln mit kochendem Wasser bedecken und ebenfalls einweichen.

3.
Zwiebel, Knoblauch und Möhre im elektrischen Zerhacker fein zerkleinern. Mit dem Hackfleisch, den von Hand feingeschnittenen Frühlingszwiebeln und etwas gröber gehackten Sojakeimen gründlich mischen. Das Ei trennen und das Eigelb in die Fleischmasse einrühren. Vom Eiweiß einen Eßlöffel abnehmen, den Rest in die Füllung arbeiten. Mit Salz und Pfeffer abschmecken.

4.
Jeweils einen großzügigen Eßlöffel von der Füllung abstechen und in die Mitte der Reisblätter setzen, zunächst an der Schmalseite das Papier über die Füllung klappen, dann von der Breitseite her aufwickeln. Das Röllchen zum Schluß mit Eiweiß zukleben.

5.
Die Röllchen portionsweise in siedendem Fett drei bis vier Minuten goldbraun backen. Auf Küchenkrepp abtropfen lassen. Zusammen mit Salatblättern und Kräutern auf einer Platte anrichten und mit der Dip-Sauce servieren, die aus den angegebenen Zutaten einfach angerührt wird.

Ein herrlicher Bissen zum Aperitif oder als kleiner Imbiß: knusprige Frühlingsröllchen

Königliche Glücksrollen

Sie werden mit gegarten Zutaten und mit reichlich Kräutern gefüllt und werden nicht fritiert, sondern kalt gegessen. Statt Fischsauce nimmt man hier eine süßliche Hoisinsauce zum Dippen, die man im Asienregal fertig findet.

Für ca. 12 Stück (Bild Seite 150/151):
12 Reispapierblätter, 1 Ei, Fischsauce, Pfeffer,
250 g Schweinefilet, 2 EL Öl, 1 Zwiebel, 1 EL Sojasauce,
Zucker, Pfeffer, 1 Kopfsalat, 150 g Sojakeime,
1 Salatgurke,
je 1 Bund Schnittlauch, Koriander- und Minzezweige
Außerdem:
1/8 l Hoisinsauce, 1 EL Erdnüsse

1.
Die Reispapierblätter wie auf Seite 162 beschrieben einweichen.

2.
Das Ei mit etwas Wasser glattquirlen, mit einigen Tropfen Fischsauce und Pfeffer würzen. In einer beschichteten Pfanne einen Pfannkuchen daraus backen, abkühlen lassen, aufrollen und in schmale Streifen schneiden.

3.
Das Schweinefleisch in feine Scheiben schneiden. Im heißen Öl zusammen mit der in Ringe gehobelten Zwiebel rasch anbraten, dabei mit Sojasauce, Zucker und Pfeffer würzen. Schließlich abkühlen lassen.

4.
Auf jedes Reispapierblatt ein Salatblatt breiten. Dorthinein jeweils etwas Schweinefilet, Sojakeime, Omelettstreifen, ebenfalls in Streifen geschnittene Salatgurke, Schnittlauch und Kräuterblätter betten. Zuerst die Schmalseiten einschlagen, dann die Rollen behutsam, aber fest aufwickeln. Dann auf die Nahtstelle betten, so kann sie sich nicht von selbst wieder aufrollen.

5.
Jede Rolle schräg in der Mitte halbieren, mit den übrigen Salat- und Kräuterblättern anrichten. Dazu Hoisinsauce reichen, die mit gehackten Erdnüssen bestreut ist.

Wirken wie ein Gemälde eines alten Meisters: getrocknete Fische, akurat ineinandergeschichtet. Man braucht sie als Gewürz in Brühen und Suppen oder als Basis für die allgegenwärtige Fischsauce

Mandarintäschchen

Für vier bis sechs Personen:
Teig:
75 g Reismehl, 2 EL Weizenmehl, 1/4 l Wasser, 1/2 TL Salz, 1 TL Öl
Füllung:
20 g Morcheln, 1 Kohlrabi (ca. 200 g), 1 Zwiebel, 2 EL Öl, 250 g Schweinehackfleisch, Salz, Pfeffer, Fischsauce
Außerdem:
Salatblätter, Kräuterzweige, geröstete Zwiebeln (Fertigprodukt), Nuoc Mam Dip-Sauce (siehe Rezept Frühlingsröllchen Seite 162)

1.
Reismehl, Weizenmehl und Wasser glattquirlen. Den Teig mit Salz und Öl würzen. Quellen lassen, bis alles Weitere erledigt ist.

2.
Die Morcheln einweichen. Kohlrabi und Zwiebeln winzig fein hacken, im heißen Öl andünsten. Schließlich das Schweinefleisch zufügen, die Hitze verstärken und braten, bis es krümelig wird. Mit Salz, Pfeffer und Fischsauce abschmecken.

3.
In einer beschichteten Pfanne mit einem Durchmesser von ca. 20 Zentimetern jeweils einen Eßlöffel Teig darin durch Schwenken so verteilen, daß er den Pfannenboden hauchdünn überzieht und fest wird. Damit der Pfannkuchen keine Bläschen bekommt, den Teig stets neben dem Herd in die etwas abgekühlte Pfanne gießen. Die Pfannkuchen bis zum Füllen nebeneinander auf der Arbeitsfläche ausbreiten, damit sie nicht zusammenkleben.

4.
In die Mitte jedes Pfannkuchens einen Löffel Füllung setzen und wie einen Briefumschlag zusammenfalten. Die Päckchen nebeneinander auf eine eingeölte Platte setzen. Zum Servieren über heißem Dampf erwärmen.

5.
Zusammen mit Salat- und Kräuterblättern anrichten, mit gerösteten Zwiebeln bestreut und mit Fischsauce zum Dippen zu Tisch bringen.

TIP
Wem das Pfannkuchenbacken zu mühsam ist, der nimmt Reisblätter (wie für Frühlingsrollen) und wikkelt die Füllung darin ein.

Gefüllte Reismehlpfannkuchen

Der Teig wird herrlich knusprig. Wichtig ist nur, man bäckt den Pfannkuchen in einer beschichteten Pfanne, weil er sonst zu leicht ansetzen kann. Und: Anders als bei den Mandarintäschchen muß der Teig hier auf einem Ölfilm braten, damit er so schön knusprig wird.

Für vier Personen:
Teig:
100 g Reismehl, 1 EL Weizenmehl, 1/2 TL Kurkuma, Salz, 3/8 l Wasser, 2 Frühlingszwiebeln
Füllung:
250 g Schweinefilet, 100 g ausgelöste Garnelen, 1 Zwiebel, 2 EL Öl, 100 g Champignons, 100 g Sojakeime, je 2 EL Fisch- und Sojasauce, Pfeffer
Außerdem:
Öl zum Braten, Nuoc Mam Dip-Sauce (siehe Seite 162), Salatblätter und Kräuter zum Anrichten

1.
Die Zutaten für den Teig glattquirlen. Das Weiße der Frühlingszwiebeln feingeschnitten unterrühren. Etwa zwei Stunden quellen lassen.

2.
Das Schweinefilet in feine Scheiben, Garnelen in kleine Stücke schneiden, Zwiebel in dünne Ringe hobeln. Im heißen Öl rasch unter Rühren braten, dabei die in Scheiben geschnittenen Pilze, die Sojakeime sowie das gehackte Frühlingszwiebelgrün zufügen. Mit Fischsauce, Sojasauce und Pfeffer würzen.

3.
Jeweils einen Eßlöffel Öl in der Pfanne erhitzen, eine Kelle Teig darin schwenken, bis er den Pfannenboden gleichmäßig überzieht, sofort rundum am Rand lokkern.

4.
Etwas Füllung auf der einen Pfannkuchenhälfte verteilen. Zugedeckt eine Minute braten, schließlich die leere Hälfte darüberklappen und den Pfannkuchen sofort servieren.

5.
Wie immer Salatblätter und Kräuter sowie Nuoc-Mam-Sauce dazu reichen.

Krabben-Toast

Ein exquisites Häppchen zum Aperitif, leider in unseren Breiten nicht ganz billig. Die Garnelenmasse ist übrigens vielseitig verwendbar: als Füllung für Teigtäschchen, zum Beispiel aus Nudelteig, aus Reismehlteig oder aus Reispapierblättern; man kann die Masse auch zu Bällchen formen, im heißen Öl ausbacken oder über Dampf garen. Übrigens: In Vietnam ist Weißbrot, sogar Baguette, dank der französischen Vergangenheit etwas völlig Normales.

Für 10 Personen:
500 g ausgelöste Garnelen, 1 Eiweiß, 75 g grüner Speck (ungeräucherter Bauchspeck), 1 EL Fischsauce, 1/2 TL Salz, 1/2 TL Zucker, Pfeffer, 10 altbackene Toastbrotscheiben, Öl zum Fritieren
Außerdem:
Salatblätter, Kräuter, Nuoc Mam Dip-Sauce.

1.
Das gut gekühlte Garnelenfleisch mit dem Eiweiß, dem gewürfelten Speck, Fischsauce, Salz, Zucker und Pfeffer im Mixer pürieren – jedoch nicht zu fein, es sollten ruhig noch Stückchen sichtbar bleiben.

2.
Die Masse auf den Brotscheiben verstreichen. Die Toasts in mundgerechte Stücke schneiden. Portionsweise, jeweils mit dem Belag nach unten zuerst, ins heiße Fett gleiten lassen und schwimmend goldbraun ausbacken.

3.
Die Krabben-Toast-Häppchen gründlich auf Küchenpapier abtropfen, schließlich zusammen mit Salatblättern, Kräutern und Dip-Sauce servieren.

Wie man Ananas schneidet

Ob eine Ananas reif ist, kann man mit der Nase erkennen: sie duftet dann unwiderstehlich und betörend

Entweder: die Frucht großzügig schälen, sie am Schopf wie an einem Stiel fassend rundum abnagen

Oder: die Frucht vierteln, das Fleisch von der Schale schneiden und in Scheiben wieder darauf betten

Die Doppelseiten im Buch zeigen:

Seite 8/9 – China: ***Peking-Ente***, klassisch serviert im Restaurant Spring Moon des Peninsula-Hotels in Kowloon, Hongkong; mit einer alten chinesischen Teekanne. Rezeptbeschreibung auf Seite 20.

Seite 38/39 – Indien: Eine typisch nordindische Mahlzeit mit dem Fladenbrot ***Chapati*** (oben, einmal klassisch pur, einmal – fast wie eine Pizza – mit Tomatensauce; Rezept Seite 43) und drei Gerichten aus dem ***Tandoori***-Ofen, nämlich ***Huhn*** (obere Platte links) ***Riesengarnelen*** (obere Platte rechts) und ***Fisch*** (Pomfret genannt, untere Platte; Grundrezept Seite 44). Dazu gibt's ***Mango-Chutney***, das man fertig kaufen kann (ganz links), darüber ein erfrischender Joghurt-Dip, Raita (Rezept Seite 43), ***Linsen-Curry*** (Rezept Seite 45), ***Koriander-Chutney*** (Mitte, Rezept Seite 42) und Puri, die hauchdünn in Fett ausgebackenen Brotfladen (ganz vorne, Rezept Seite 43). Photographiert im Restaurant Bukhara in Bangkok.

Seite 52/53 – Indonesien: Ein typisch balinesischer Obstkorb – zwischen den wohlbekannten ***Ananas*** und ***Bananen Weintrauben***, die hier das ganze Jahr über wachsen. Hinten, von links: ***Mangostanen***, eine ***Passionsfrucht***, ***Rambutans*** und eine ***Cherimoya*** (Rahmapfel), vorne die schlangenhäutigen ***Salaks*** mit sehr festem, aromatischem Fruchtfleisch und die wässrig-erfrischenden, fast transparenten ***Rosenäpfel***. Mehr über Früchte auf den Seiten 144/145 und 148/149.

Seite 60/61 – Japan: Im schwarzen Kasten auf der rechten Seite eine Auswahl von ***Sushi*** (Rezept Seite 73) – Thunfisch (maguro), Garnele (amaebi), Oktopus, Lachsrogen (ikra) und Barsch; dazu ***eingelegter Ingwer*** (shoga gari) und ***japanischer Meerrettich*** (wasabi); in der oberen Ecke des Kastens ein ***Sushi-Röllchen*** mit ***Lachs*** (Rezept Seite 74). In der aufgedeckten Tasse ***Samt-Gelee mit Garnelen*** (Rezept Seite 67). In der Mitte vorne ***eingelegte Gemüse*** (diese werden milchsauer vergoren, was sehr arbeitsintensiv ist – deshalb kauft man sie fertig), darüber ***Tempura*** (Rezept Seite 84). In der Kanne oben links ***Dobin-Mushi***, das sind kurz gekochte oder rohe Gemüse, roher Fisch (Lachs, eventuell Garnelen), Tofu, ein Zitronenschnitz und Gingko-Nüsse, die mit kochendheißer ***Dashi*** (wie man die macht, steht auf Seite 65) übergossen und sofort mit Sojasauce (im Schälchen vorne) verspeist werden. Photographiert im Restaurant Miyabi, München.

Seite 88/89 – Korea: Die rohen Zutaten und das fertige ***Koreanische Barbecue*** (Rezept Seite 92) und, in der Mitte, der unvermeidliche eingelegte Kohl, ***Kim-chi*** (Rezept Seite 93).

Seite 96/97 – Malaysia: Auf dem großen Teller ***gegrillte Makrelen*** (Rezept Seite 101), darüber ***Garnelen in Chilisauce***, rechts davon ***Huhn in gelber Sauce*** (beide Rezepte Seite 102) und rechts vorne ***Lamm in Zitronensauce*** (Rezept Seite 103).

Seite 104/105 – Philippinen: ***Garnelen mit Palmherzen*** (Rezept Seite 110) – und zwar hier tatsächlich mit frischen (mehr darüber auf Seite 109).

Seite 114/115 – Singapur: Die ebenso originale wie köstliche Version der bei uns eher durch die tiefgefrorene oder getrocknete Kost bekannt gewordenen ***Bihun-Suppe*** (Rezept Seite 121).

Seite 124/125 – Thailand: Typisch die Anrichtung vieler Speisen auf Salat- und Kräuterblättern – vorne auf der Platte ein ***Glasnudelsalat*** (Rezept Seite 132), dahinter ***Salat aus gehackter Entenbrust*** (Rezept Seite 130). In dem kleinen Schälchen neben dem Deckel der Reisschale die unverzichtbare ***Fischsauce mit Chili***, prik nam plaa, ganz links ***Fischsauce mit Schalotten und Gurke*** (Angaben zu beiden Dips auf Seite 133). In der tiefen Schüssel hinten ***Entenbrust mit Ananas*** und ***Broccoli*** (Rezept Seite 147), davor ein ***grünes Hähnchen-Curry*** (siehe Rezept ***rotes Hähnchen-Curry*** auf Seite 140). Photographiert im Oriental Hotel Bangkok.

Seite 150/151 – Vietnam: Vorne rechts ***königliche Glücksrollen*** (Rezept Seite 163), die kalt und roh gegessen werden. In der Schüssel die ***königliche Suppe Pho*** (Rezept Seite 155), links die deftige ***Bauernschale*** (Rezept Seite 156), die zusammen mit Salatblättern, Gurkenscheiben, Kräutern und einer Dip-Sauce (nuoc-mam – Angaben dazu Seite 160) serviert wird.

Alle Photos im Buch von Martina Meuth, außer dem Nudelzieher (S. 21) und den Dim Sum (S. 25), die liebenswürdigerweise von der Hongkong Tourist Association zur Verfügung gestellt wurden.

Vorspeisen und Salate

Suppen und Eintöpfe

Saucen, Dips und Würzmischungen

Gemüse, Vegetarisches, Nudeln, Reis

Fisch und Meeresfrüchte

Fleisch und Geflügel

Desserts und Drinks

Fett gedruckte Zutaten werden auf der angegebenen Seite erklärt. Über die normal aufgelisteten Begriffe können Sie sich Zusammenhänge klar machen und weitere Informationen gewinnen. Es wurde darauf verzichtet, im Buch auftauchende Ortsnamen, Länder oder Zutaten dann aufzuführen, wenn keine spezifischen Hinweise damit verbunden sind